Trauer braucht Ausdruck,
Raum, Zeit und Gemeinschaft.

Hinderer

Dörte Joost

Das trauernde Kind

Aktuelles Basiswissen
und konkrete Hilfestellung im Rahmen der Kinderbetreuung

Dörte Joost

Das trauernde Kind

Aktuelles Basiswissen
und konkrete Hilfestellung im Rahmen der Kinderbetreuung

1. Auflage 2014

Fachliche Begleitung:
Prof. Dr. rer. nat. Claudia Hruska der Hochschule Neubrandenburg

Fotos von Dörte Joost, mit freundlicher Genehmigung der Familien der abgelichteten Kinder

ISBN 978-3-86394-345-5 (Buch)
ISBN 978-3-86394-477-3 (E-Book)

Umschlagentwurf: Dörte Joost

Satz: MEDIENAGENTUR - Franta, www.medienagentur-franta.de

Druck: CUSTOM PRINTING, Wał Miedzeszyński 217, 04-987 Warszawa, Polen, www.cp-buchdruck.de

Bei Fragen zur Produktsicherheit wenden Sie sich an
ralfjordan@geschichtlicher-buechertisch.de

Imprint des Geschichtlichen Büchertisches
Ralf G. Jordan
Bischof-Wedekin-Str. 14
31162 Bad Salzdetfurth
Tel.: 05064-9609641
E-Mail: ralfjordan@geschichtlicher-buechertisch.de
Internet: www.geschichtlicher-buechertisch.de

EDITION digital

In Gedenken an Dani

Lieben

Erinnern

Bewahren

Inhaltsverzeichnis

Vorwort

Oft trifft sie einen wie der Schlag – Die Trauer über den Tod eines emotional sehr nahen Menschen. Blitzartig und unausweichlich fühlt sich alles anders an. Doch auch absehbare Abschiede bringen einen besonderen Schmerz mit sich, da man dem Tod gegenüber- treten und ins Auge schauen muss. Angst macht sich breit, Ohnmacht legt oft alles lahm, Fragen nach dem „Warum" erschei- nen aus dem Nichts und Zukunftsängste lassen die Betroffenen nicht schlafen.

Das alles ist schwer zu ertragen. Schon Erwachsene haben ihr Tun, mit der Trauer umzugehen. Da fragt man sich zu Recht, wie es direkt betroffene Kinder schaffen können, möglichst ohne größere Blessuren durch die Zeit der Trauer zu gelangen.

Schwenken wir den Blick auf den kindlichen Alltag, so ist es im privaten Bereich die Familie, die ein trauerndes Kind durch die meist engen zwischenmenschlichen Beziehungen auffangen kann. Ist diese jedoch selbst von der Trauer betroffen, so können Familienmitglieder oft nur eine geringe Stütze für das Kind sein.

In diesem Fall können im Rahmen einer bestehenden, regelmäßigen Betreuung in einer Kindertagesstätte oder einer Kindertagespflege Erzieher/innen bzw. Tagesväter/mütter eine wichtige Rolle einnehmen. Doch wie genau können pädagogische Fachkräfte ein trauerndes Kind begleiten und bestmöglich unterstützen? Fragezeichen über Fragezeichen erzeugen nicht selten Sprachlosigkeit und den Wunsch, die Trauer doch lieber wegwischen zu wollen und möglichst schnell zur Normalität überzugehen.

Doch das wäre nicht im Sinne der Trauer. Sie will angenommen werden - von Groß und Klein - und sich letzten Endes selbst überwinden. So wäre es falsch, anzunehmen, Kinder seien für die Auseinandersetzung mit Sterben und Tod noch zu klein und eine abgeschottete trauerfreie Zone schützt sie. Diese Strategie wird nicht aufgehen, was zahlreiche Erfahrungsberichte von derweil Erwachsenen zu bestätigen wissen. Es bleiben Wunden, die nicht heilen. Sie sind lediglich gut verbunden.

Bei einer intensiven Suche von Frühpädagogen nach einer Umgangsweise mit einem trauernden Kind heißt es demzufolge:

- den Blick weit über den Tellerrand von Vorurteilen zu werfen und das Verstehen der Kinder nicht zu unterschätzen,
- den biografischen Rückblick zu wagen und sich von alten Ansichten und eigenen Erfahrungen frei zu machen,
- einen Einblick in die kindliche trauernde Seele zu erlangen und
- sich einen Überblick von Handlungsansätzen zu verschaffen, die letzten Endes Kinderseelen helfen, möglichst unverwundet aus einer Trauerzeit hervor zu gehen.

Mit der Zielstellung, Frühpädagogen/innen dabei zu unterstützen, geht das vorliegende Buch nach den theoretischen Erläuterungen zu Definition, Trauerreaktionen und -phasen auf die kindliche Trauer und die Rolle der pädagogischen Fachkräfte ein, um anschließend mit den wissenschaftlichen Erkenntnissen verwoben verschiedene Handlungsansätze zur individuellen Trauerbegleitung aufzuzeigen, die in der Praxis anwendbar sind.

1 Aktuelles Basiswissen zur Trauer

1 Aktuelles Basiswissen zur Trauer

Um tatsächlich ins Verstehen zu kommen und ein eigenes empathisches Verhalten zu ermöglichen, ist ein tiefer Blick hinter die Begrifflichkeiten und Prozesse mehr als nur eine Empfehlung. In den folgenden Kapiteln werden daher theoretische Erkenntnisse von verschiedenen Psychoanalytikern und Trauerforschern aufgeführt, welche die Charakteristika von Trauer veranschaulichen.

1.1 Definition von Trauer

Bei der Recherche nach *der* Trauerdefinition wurde deutlich, dass eine solche durch die Vielfalt an Trauerreaktionen schwer zu formulieren ist. Eine der ersten bekannten Begriffsbestimmungen stammt vom Begründer der Psychoanalyse Sigmund Freud. Bei dieser Definition bezieht sich die Trauer nicht nur auf den Verlust eines nahen Menschen, sondern auf ein weiteres Spektrum von Verlusten:

> *„Trauer ist regelmäßig die Reaktion auf den Verlust einer geliebten Person oder einer an ihre Stelle gerückten Abstraktion wie Vaterland, Freiheit, ein Ideal usw.“* Er prägte in diesem Zusammenhang auch den Begriff *Trauerarbeit*, der sich auf den Verarbeitungsprozess des Verlustes sowie die Begleitung und Tröstung bezieht. (Freud, 1917/46)

Aus dem Blickwinkel der Bindungsforschung entwickelte John Bowlby die Theorie der Trauer und beschreibt Trauer als Vorgang, der durch den Verlust eines nahestehenden Menschen ausgelöst wird und sowohl bewusste als auch unbewusste Prozesse beinhaltet. (Rehberger, 2004)

Eine weitere Definition liefert die Psychologin Therese A. Rando. Bei der Übersetzung aus dem Englischen wurde der Begriff „grief“ mit „Kummer“ als psychischer Prozess dem Trauern gleichgesetzt:

> „Kummer ist jener Prozess, in dem die intrapsychischen, verhaltensmäßigen, sozialen und körperlichen Reaktionen auf die Wahrnehmung eines Verlustes erlebt werden."

Demzufolge hat Trauer folgende Charakteristika:

- Trauer ist eine natürliche und absehbare Antwort auf einen Verlust.
- Trauer ist ein prozessualer Vorgang, der viele Veränderungen mit sich bringt.
- Trauer kann auf alle Arten von Verlust folgen und meint nicht nur die Reaktion auf den Tod eines Menschen.
- Das Trauererleben hängt von der individuellen Wahrnehmung des Verlustes ab. (Rando, 2003)

Der bekannte Trauerforscher Jorgos Canacakis verfasst folgende, emotional formulierte Definition:

> *„Trauer ist eine gesunde, lebensnotwendige und kreative Reaktion auf Verlust und Trennungsereignisse. Trauer ist angeboren und eine Antwort der Seele und des Körpers."* (Canacakis, 1987)

Rundet man letztere Definition mit der Zielstellung der Trauer ab, so kann man festhalten, dass weder Erwachsene noch Kinder ohne Trauer schmerzhafte Verluste begreifen, in ihr Leben integrieren und sich neu orientieren können. Niemand bleibt von der Trauer verschont und nichts als nur die Trauerzeit selbst kann sie bewältigen und umwandeln helfen.

1.2 Trauerverlauf und Phasenmodelle

Der gesunde Verlauf einer Trauer ist vor allem dadurch gekennzeichnet, dass nach der ersten schmerzenden Zeit des Abschieds eine Abnahme des emotionalen Leidens und anderer damit verbundener Trauerreaktionen einhergeht. Dabei kommt es nicht zu einem gleichmäßigen Abfall der Trauerreaktion, da die Quantität der Trauer große Schwankungen aufzeigt und zyklisch ist (Rando, 2003). Dies hat vor allem mit dem Wechelspiel aus Vermeidung und Auseinandersetzung zu tun. Die Realisierung des Todes der geliebten Person gelingt meist nur sehr langsam und dauert laut Znoj (2004) länger als gesellschaftlich angenommen. Es wird davon ausgegangen, dass ein vollständiger Verarbeitungsprozess nur schwer möglich ist, die akuten Trauerreaktionen bei einem normalen Verlauf jedoch zeitlich begrenzt sind. Von einer gelungenen Trauerarbeit kann man demnach sprechen, wenn der Tod des geliebten Menschens schrittweise akzeptiert wird und eine Neuorientierung im Leben ohne den Verstorbenen erfolgt.

Auf der Basis von langjährigen Beobachtungen und Gesprächen mit sterbenden und trauernden Erwachsenen wuchs in der Wissenschaft die Auffassung, dass Trauer prozesshaft verläuft. Mit diesem Hintergrund wurden seit Ende der sechziger Jahre „normative" Trauerphasen formuliert, die in einer Vielzahl von Phasenmodellen mündeten. Die Theorien unterscheiden sich im wesentlichen in der Anzahl und der Bezeichnung der unterschiedlichen Phasen. Gemeinsam ist allen die erste Phase, die von den Forschern unterschiedlich bezeichnet wird, z.B. als Verleugnung (Kübler Ross, 2011), Vermeidung (Rando, 2003) oderals Nicht-Wahrhaben-Wollen (Kast, 2006). Gemeinsam ist allen auch eine abschließende Phase wie z.B. Phase der Reorganisation (Bowlby, 2006), Akzeptanz (Kübler Ross, 2011).

Die angesprochenen Phasenmodelle werden aus zwei Blickrichtungen sehr kritisch gesehen. Seitens der Wissenschaft wird bemängelt, dass bis dato noch keine empirisch gesicherten Belege dafür existieren, dass Trauer tatsächlich in Phasen verläuft. Aus Sicht von professionellen Trauerbegleitern bergen die Trauermodelle das Risiko einer irritierenden Wirkung, da einige Phänomene in verschiedenen Phasen auftreten und auch wiederkehren können.

Abgeleitet daraus wird an dieser Stelle dazu geraten, die bestehenden Phasenmodelle in der Trauerarbeit lediglich als Hilfestellung zu nutzen. Sie bilden kein verlässliches, starres Konstrukt, sondern vielmehr eine Orientierung in vielfach orientierungslosen Zeiten.

1.3 Trauerreaktionen

Jede Trauer ist anders. So sind die Reaktionen auf den Tod eines nahe stehenden Menschen bei Erwachsenen wie Kindern sehr vielgestaltig und können über eine lange Zeit hinweg anhalten. Auf die Frage, welche Hauptmerkmale Trauer kennzeichnen, beschreibt der Psychotherapeut und Assistenz-Professor Hansjörg Znoj die Charakteristika von Trauer auf vier verschiedenen Ebenen:

- Auf der emotionalen Ebene kann es zu ausgeprägten Gefühlen wie Angst, Wut, Schuld, Traurigkeit, emotionale Leere, Einsamkeit, aber auch zu dem Gefühl der Erleichterung kommen.
- Die Verhaltensebene kann durch apathische Zustände, Hysterie, Betäubungsverhalten, selbstverletzendes Verhalten bzw. Ess- und Schlafstörungen gekennzeichnet sein.
- Auf der kognitiven Ebene zeigt sich Verleugnung, Gedankenleere und Gedankenrasen.
- Schmerzzustände, motorische Unruhe und Herz-Kreislauf-Störungen können auf der körperlichen Ebene beobachtet werden (Znoj, 2004).

Befindet sich der trauernde Mensch in einem akuten, vielleicht sogar traumatischen Zustand, der von starker innerer errissenheit geprägt ist, richtet sich der gesamte Organismus darauf ein, eine Stabilisierung herzustellen. Er bewahrt sich selbst mit der Ausschüttung von körpereigenen Stoffen zur Betäubung wie auch zur Aktivierung vor dem absoluten Zusammenbruch. Diese natürliche **Schutzreaktion** baut darauf, durch Zeit ein Mindestmaß an

Bereitschaft zur Verarbeitung und an innerer Sicherheit zu erlangen. Sie kann als vorübergehende Verdrängung und **Abwehr von Trauer** gewertet werden, die für den Betroffenen überlebensnotwendig ist. Beispiele für derartige Schutzreaktionen sind Abblocken, cooles Auftreten, Ablenkung oder aber die selbstgewählte Isolation. An dieser Stelle ist es für die Umgebung meist schwierig, sich gelassen und geduldig darauf einzulassen. Für den Trauernden jedoch ist es die einzige Chance, sich bei geschwächtem Ich nicht mit den Anforderungen der Realität zu überfordern (Onnasch & Gast, 2011).

Im Stress der Trauer werden insbesondere zwei der drei Grundmuster, die in der Entwicklungsgeschichte entstanden sind, mobilisiert: „Flucht" und „Aggression". Während die „Flucht" als **Stressreaktion** ziellos wirkt und der Trauernde von großer Unruhe geprägt ist, kann sich die Aggression als Zeichen der Ohnmacht gegen andere wie z.B. Ärzte oder die eigene Person richten. Letzteres kann den Stress in der Trauer unerträglich steigern, so dass zum Gelingen des Trauerprozesses Entlastung und Lösung notwendig ist (Onnasch & Gast, 2011).

Wenn Trauer so absolut ist, dass sie keinen Raum mehr für anderes lässt, dann läuft diese natürliche Emotion aus dem Ruder. Dann verliert sie ihr Ziel aus dem Auge, das darin besteht, den Verlust zu überwinden. An dieser Stelle spricht man von **Trauerstörungen**, die sich durch einzelne oder mehrere der folgenden Symptome kennzeichnen lässt (Znoj, 2004):

- keine allmähliche Abnahme der Trauerintensität
- starke anhaltende Schuldgefühle
- keine oder kaum Anpassung an die neue Wirklichkeit
- Depression, langfristige Schlaf- bzw. Essstörungen
- Vernachlässigung des sozialen Netzes und Vereinsamung.

1.4 Gehirnforschung zu Trauerprozessen

Neben neurobiologischen Erkenntnissen, die hilfreiche Hinweise zum Umgang mit der Trauer geben, entschlüsselt die Hirnforschung derzeit die verschiedenen Felder und Kräfte im Gehirn, die bei dem Gefühl von Trauer zeitgleich aufeinander einspielen und zusammenwirken. Eine wichtige Erkenntnis besteht in dem Wissen, dass durch ständige bewusste wie unbewusste Gewohnheiten und Übungen Bahnungen zwischen den einzelnen Nervenstellen (Synapsen) entstehen, die sich weiter ausbauen, wenn sie nur häufig genug „befahren" werden. Auf den Trauerzustand übertragen, bedeutet dies, dass über einen langen Zeitraum gewohnte Muster und Hirnvorgänge durch den Tod des geliebten Menschen zerrissen werden. Es bedarf dann einer Veränderung von bisher funktionierenden Vernetzungen, die auf diesen Menschen eingestellt waren, indem mit der Zeit neue, stabilisierend wirkende Bahnungen erzeugt werden. Dies geschieht auf allen drei Ebenen des Gehirns.

Vegetative Ebene: In der Zeit der Trauer werden elementare Lebensprozesse wie z.B. Schlafen und Wachen, Nahrungsaufnahme, Atmung oder Kreislauf, die durch den Hirnstamm und das Kleinhirn geregelt werden, teilweise in ihrer Balance gestört. Durch regelmäßige Entspannung des Körpers kann es jedoch gelingen, die Regulierung wieder herzustellen.

Ebene der Emotionen (Limbisches System): In Trauer und Gefahr funktioniert das Zentrum für Emotionen, Orientierung in Zeit und Raum sowie bewusstes Gedächtnis nicht mehr so wie sonst. Bei großer Bedrohung wird dort im „Mandelkern" eine Art Alarmzentrum aktiviert und vom Menschen unbewusst eine Notfallreaktion in Gang gesetzt. Die Überaktivierung lässt sich wieder senken, indem durch bereits gesammelte Erfahrungen Lösungsstrategien zur Orientierung abrufbar sind. Positive Stärkung erfährt der

Trauernde dann, wenn das dort ebenfalls angesiedelte Belohnungszentrum motivierende Botenstoffe ausschüttet.

Ebene des Denkens, Planens und Handelns (Kortex): Die Großhirnrinde ist die äußere, an Nervenzellen reiche Schicht und erhält über eingehende Nervenstränge aus dem gesamten Körper Informationen. Sie arbeitet durch eine geringere Durchblutung in Trauersituationen stark eingeschränkt, so dass Denken und Planen für Trauernde meist nur unzureichend funktionieren. Doch gibt es im sogenannten Kortex vor allem einen Bereich, der sowohl die Chance in sich trägt, die Emotionen zu steuern und übermäßige Gefühle einzuschränken, Entspannung zu ermöglichen und auf diese Weise Denken und Planen weiter zu fördern. Es handelt sich um das Hirnzentrum für Werte, Symbole und Traditionen. Kräfte, die von diesem Zentrum ausgehen, reichen weit über das reine Denken und Planen hinaus. Sie können sehr wirksam werden, können fördern und hindern bzw. heilen oder krank machen. (Spitzer, 2009)

1.5 Traueraufgaben nach WORDEN

Während Phasenmodelle den Eindruck erwecken können, die Trauernden durchleben den Trauerprozess passiv, deutet die Hirnforschung auf die Aufgabe, dass bei den Trauernden nach dem Tod eines geliebten Menschen zwangsläufig anstrengende Prozesse im menschlichen Gehirn anstehen. Dies ist der Ansatz des sogenannten Aufgaben-Modells, das bereits 1982 vom amerikanischen Professor und Psychiater William Worden entwickelt wurde.

Folgende vier Traueraufgaben werden von ihm genannt:

1. Den Verlust als Realität akzeptieren,
2. Den Schmerz verarbeiten,
3. Sich an eine Welt ohne den Verstorbenen anpassen und

4. Eine dauerhafte Verbindung zu der verstorbenen Person inmitten des Aufbruchs in ein neues Leben finden.

Da auch beim Aufgaben-Modell die Gefahr besteht, die Differenziertheit der Prozesse zu vereinheitlichen, setzt sich Worden in einer Neuauflage seines Buches 2011 deutlich dafür ein, dass Betroffene die Aufgaben nicht unbedingt nacheinander angehen müssen und er eine Theorie anstrebt, die für Flexibilität Raum lässt.

2 Trauer als Lebenskrise für ein Kind

2.1 Tod und Trauer in unserer Gesellschaft

„Es lebe das Leben, es lebe die Jugend." Diese Parole bringt laut Spölgen und Eichinger die Grundeinstellung der heutigen westlichen Gesellschaft auf den Punkt. Alter und Krankheit werden aus dem Alltag und damit aus dem menschlichen Bewusstsein gedrängt, Sterben und Tod sogar tabuisiert. Als Gründe führen sie vorrangig die Verstädterung und Industrialisierung an, die eine Veränderung der Lebensgemeinschaftsformen von generationsübergreifenden Großfamilien zu Kernfamilien bzw. Teilfamilien mit zwei Generationen mit sich brachte. Kinder erleben demnach Alterungs-, Krankheits- und Sterbephasen nicht mehr so selbstverständlich mit, wie noch vor 100 Jahren. Auch die Anonymität in den Städten trägt erheblich dazu bei, dass der Abschied vom Menschen selten sichtbar wird. Alte bzw. kranke Menschen sterben oft von ihren Familien getrennt im Pflegeheim oder Krankenhaus, so dass die „modernen" Menschen immer seltener Anlässe haben, sich mit der Realität von Sterben und Tod auseinanderzusetzen. (Spölgen & Eichinger, 1996)

Hinzu kommt, dass die heutige Trauerkultur gegenüber der Vergangenheit verarmt erscheint, schließlich sind über Jahrhunderte bestehende Traditionen, wie z.B. die mehrtägige Aufbahrung mit der sogenannten Totenwache zu Hause, der Trauerzug durch den Heimatort des Verstorbenen und die große und gelebte Gemeinschaft der Trauernden, nicht mehr von Bestand. Demgegenüber scheinen Bestattungen heute von Bürokratisierung und Professionalisierung gekennzeichnet zu sein, die wenig emotional, möglichst schnell und ohne viel Aufwand in der Folgezeit verlaufen. (Onnasch & Gast, 2011)

Die Auswirkungen des gesellschaftlichen Umgangs mit Tod und Trauer in Bezug auf Kinder fasst Margit Franz mit folgenden

Kernaussagen zusammen, die sie in ihrem Buch detailliert erläutert (Franz, 2002):

- Kindern fehlen Begegnungen mit den Schattenseiten des Lebens
- Kinder erleben Krankheit und Tod als Feinde
- Kinder haben mangelhafte Erfahrungen im Umgang mit Senioren
- Kinder erleben den Tod als Medienereignis und wachsen in einer „Happy-Gesellschaft“ auf
- Kinder erleben den Tod, ohne ihn persönlich kennen zu lernen
- Kinder erfahren Sprachlosigkeit in Bezug auf das Thema Sterben und Tod
- Kinder können den Tod nicht greifen und damit nicht begreifen
- Kinder erleben den nahen Tod entfernt
- Kinder erfahren kaum Sterbe- und Trauerkultur

Greift man diese eindeutig ernüchternde Einschätzung auf, so kann die gegenwärtig mangelhafte Trauerkultur auch als Chance begriffen werden, für eine individuelle Trauergestaltung einzutreten und Solidarität durch Trauer zu erwirken. Gerade die Solidarität kann eine enorme Wertigkeit erlangen und als Multiplikator in unserer Gesellschaft wirken. Sie kann jedem Einzelnen und allen anderen zeigen, wie wertvoll das Leben in all seinen Facetten ist, denn der Tod umgibt einen Jeden.

2.2 Entwicklung des kindlichen Sterblichkeitswissens

Die Grundlage für eine empathische Trauerbegleitung von Kindern bildet das Wissen um die Entstehung des kindlichen Sterblichkeitswissens. Auch hier gilt es zu beachten, das der achtsame Blick auf das Einzelkind mit seinen ganz individuellen Todesvorstellungen und das mitunter stark variierende Entwicklungstempo von Kindern einer starren Phaseneinteilung widersprechen. Die tabellarisch dargestellte altersspezifische Strukturierung bildet ein Gerüst, das auf Piagets vier Grundannahmen zur Denkentwicklung zurückgreift:

1. Nonfunktionalität: Der Tod bedeutet den völligen Stillstand der Körperfunktionen.
2. Irreversibilität: Der Tod ist nicht mehr rückgängig zu machen.
3. Universalität: Alle Lebewesen müssen einmal sterben.
4. Kausalität: Die Ursache des Todes ist biologisch.

Während Erwachsene um diese vier Dimensionen wissen, muss sich diese das Kind im Laufe der Kindheit und Jugend erarbeiten:

Tab. 1: Altersspezifische Strukturierung des kindlichen Sterblichkeitswissens (Schwarz, 2002)

Alter	**Kindliche Entwicklung**	**Todesvorstellung/ -konzept**
Kinder bis zu 3 Jahren	• Säugling: Todesängste bei Hunger (=Bedrohung) • fehlendes Zeitverständnis und emotionale Abhängigkeit von der Bindungsperson • Kinder lassen sich von Gefühlen „anstecken" und zeigen erstes tröstendes Verhalten • noch keine Kenntnis über die vier Dimensionen des Todes	• Urerfahrungen/ Urängste rufen diffuse Todesbilder hervor • Kinder haben emotionalen Zugang zum Thema Tod, aber nur wenig kognitives Verständnis • Kinder spüren die Trauer ihrer Bezugspersonen • Tod löst Verunsicherung aus • Zusammenhang zwischen Verlustangst und Todesangst

Kinder zw. 3 und 5 Jahren	• Kinder denken magisch und egozentrisch • Verständnis von Zeit, Dauer, Vergangenheit – Gegenwart - Zukunft ist noch mangelhaft • Animismus (beseelen bzw. vermenschlichen von Gegenständen, Tieren und Pflanzen) • Thema Tod ist ohne negatives Erleben aus dem Umfeld noch wenig angstbesetzt	= Zeit der Vorstellung von einer vorübergehenden Abwesenheit des Verstorbenen; • Das Kind glaubt, es habe Macht über den Tod • der Tod bedeutet Bewegungslosigkeit und vergleicht ihn mit dem Schlaf • der Tod ist reversibel • der Tod ist ein zeitlich begrenzter Zustand (Leben und Tod sind austauschbar) • der Tod ist zweckgebunden (Schuldgefühle) • es selbst lebt ewig
Kinder zw. 6 und 9 Jahren	• Kinder kennen die Nonfunktionalität & die Irreversibilität • Kinder suchen nach Ursache-Wirkung-Zusammenhängen	= Zeit des Übergangs: Vorstellung von der vorübergehender zur endgültigen Abwesenheit des Verstorbenen;

		• Das Kind personifiziert den Tod („Teufel“, „Sensemann“) • interessiert sich für das Geschehen nach dem Tod • unterscheidet Leib & Seele und entwickelt erste Unsterblich-keitsgedanken • interessiert sich für angstauslösende, makabere Details (Verwesung etc.)
Kinder zw. 10 und 14 Jahren	• Kinder kennen alle vier Dimensionen des Todes • Fähigkeit zum abstrak- ten Denken • Kinder besitzen zuneh- mend Empathiefähig- keit	• Verständnis vom Tod ähnlich dem der Erwachsenen • Das Kind akzeptiert den Tod als allgemeingültig und unabwendbar. • interessiert sich für das „Wie“ des Sterbens • entwickelt Vorstellungen über das Geschehen nach dem Tod (religiöse Einflüsse)

		• fragt nach dem Sinn des Lebens. • beginnt Trauer und eigene Rituale selbst zu gestalten
Jugendliche	• Suche nach eigener Identität (Pubertät) • Vollständig hergestellte kognitive Entwicklung	Drei Gruppen von Jugendlichen: 1. Sachliche Betrachtung, ohne gefühlte Bedrohung durch den Tod. Er erscheint weit entfernt. 2. Umgang mit dem Tod mit z.T. brutalem Zynismus (verborgene Angst dahinter) 3. zeitweise Weltschmerzstimmung mit Todessehnsucht (Gefahr bei Labilität und Krisen)

2.3 Traueranlässe für Kinder

Abschiede, Trennungen und Verlust erschüttern das kindliche Daseinsdenken. Sofort spürt das Kind, dass lieb gewonnene Gewohnheiten und Annehmlichkeiten in Gefahr sind und es, ob es nun will oder nicht, neue Situationen und Konstellationen zulassen muss. Anlässe dafür gibt es viele. Im Alltag eines Kindes gehören beispielsweise der Übergang von der familiären Kinderbetreuung in den Kindergarten, der Umzug der besten Freundin oder der Abschied vom Urlaubsort dazu. Auch eine Trennung der Eltern stellt für ein Kind einen Verlust dar, der mit großer Trauer und Neuorientierung zu tun hat.

Besonders prägend für Kinder sind jedoch Abschiede durch den Tod.
In vielen Fällen stellt der **Tod des geliebten Haustieres** für ein Kind die erste große Verlusterfahrung dar. Er legt in gewisser Weise den Grundstein für alle weiteren Trauerprozesse. Gründe dafür sind zum einen die meist sehr tiefe Beziehung des Kindes zu dem Haustier und zum anderen die Situation, dass alle Lebewesen in der Welt des Kindes den gleichen Wert haben. Sie machen keine Unterschiede und trauern aus ganzem Herzen. Aus diesem Grund ist es wichtig, den Tod des Haustieres nicht zu verharmlosen oder für einen sofortigen Ersatz zu sorgen, sondern den Verlust aktiv und kreativ zu verarbeiten.

Handelt es sich um den Tod einer nahestehenden Person des Kindes können folgende drei Traueranlässe unterschieden werden:

- **Ein Kind der Kita bzw. Kindertagespflegestelle verliert einen nahen Angehörigen.** Dazu zählen sowohl dessen Geschwister, Eltern, Großeltern, direkte Verwandte als auch enge Freunde. Hier ist es besonders wichtig, dem Kind die Gewissheit zu verleihen, dass es am Tod keinerlei Schuld trägt, es seine Trauergefühle nicht aus Rücksicht unterdrücken soll und es jetzt, wie auch vor dem Todesfall, sehr geliebt wird, damit sich keine kindlichen Minderwertigkeitsgefühle durch fehlende Wahrnehmung seitens der Erwachsenen einstellen.

- **Ein Kind der Kita bzw. Kindertagespflegestelle ist gestorben.**
  Diese Trauersituation gestaltet sich in den meisten Fällen sehr schwierig, da die trauernden Eltern, Geschwister, Kita-Kinder und Kollegen/innen jeweils eine andersartige Beziehungen zu dem Kind hatten und sehr unterschiedliche Trauerbedürfnisse haben.
- **Ein/e Mitarbeiter/in der Einrichtung bzw. ein Familienmitglied in der häuslichen Kindertagespflegestelle ist gestorben.** In diesem Fall begreift sich die ganze Einrichtung bzw. die Familie der Tagespflegeperson als trauernd. Hier gilt es genau zu schauen, was im Rahmen der Kinderbetreuung aktuell machbar ist, welche Vorgänge zwingend aufrecht erhalten bleiben müssen und wo Verwirrung im unterschiedlichen Umgang mit der Trauer sein darf.

Um Kinder bei derartigen schmerzhaften und verunsichernden Verlusten begleiten zu können, haben pädagogische Fachkräfte Anstrengendes zu leisten. Einer der wichtigsten Ansatzpunkte liegt in dem Wissen um das andersartige Trauern von Kindern.

2.4 Kinder trauern anders

Kindliche Trauer hat viele Gesichter. Damit sich die Trauer entfalten und letzten Endes selbst überwinden kann, braucht sie in starkem Maße Toleranz von den begleitenden Erwachsenen. Geduld und Nachsicht sind auch dann gefragt, wenn das kindliche Verhalten sprunghaft und widersprüchlich erscheint, was für Trauer im Kindesalter allzu typisch ist.

Allgemein betrachtet verlaufen Trauerprozesse bei Kindern - unabhängig von ihrem kognitiven Entwicklungsstand und vorhandenen Todeskonzepten[1] - nicht so kontinuierlich ab wie bei Erwachsenen. Sie trauern gewissermaßen auf Raten. Dies hat u.a. die Folge, dass innerhalb einer Familie Kinder und Erwachsene ihren Verlust nicht gleichzeitig verarbeiten, was oft zu Konflikten führt. Sucht man ein Bild zur Veranschaulichung, so kann das Trauern bei Erwachsenen mit dem Waten durch einen Fluss verglichen werden, dessen Ufer nicht zu erkennen ist. Bei Kindern ist es eher so, dass sie in Pfützen der Trauer hinein stolpern und dann wieder weiter springen. Die Unterbrechung der Trauerzustände kann als eine Art Schutzmechanismus vor Überbeanspruchung für ihre gerade erst im Aufbau befindliche Person gewertet werden. (Ennulat, 2003)

Mit dem Blick auf trauernde Kinder können nach Gertud Ennulat fünf Verhaltensweisen unterschieden werden, die sich durchaus abwechseln können:

1. **Das weinende Kind**: Das vorherrschende Gefühl der Traurigkeit zeigt das Kind durch sein Weinen, was in Erwachsenen und Kindern meistens die Bereitschaft zum Trösten auslöst.
2. **Das abwehrende und widerspenstige Kind**: Ein innerlich irritiertes und einsames Kind erteilt seiner Umgebung eine deutliche Abfuhr. Nach einer Zeit kommt dieses Kind meist von selbst auf die Erwachsenen zu.
3. **Das still trauernde Kind**: Will ein Kind keinen (Köper-) Kontakt und verhält sich unauffällig bis perfektionistisch benötigen die Begleiter großes Fingerspitzengefühl für die Signale des Kindes.

[1] Vgl. Abschnitt 2.2 Entwicklung des kindlichen Sterblichkeitswissen

4. **Das aggressive Kind**: Ohnmacht und Verzweiflung kann sich bei einem trauernden Kind auch in aggressivem Verhalten äußern. Hier ist besonders darauf zu achten, dass niemand - auch das Kind selbst nicht - ernsthaft in körperliche und seelische Gefahr gerät.
5. **Das überforderte Kind**: Wenn ein Kind während der Trauer unentwegt Quatsch macht, blödelt oder cool reagiert, zeigt das Kind eine tiefe Überforderung. An dieser Stelle ist es besonders wichtig, sich des ohnmächtigen Kindes anzunehmen, anstatt es zu tadeln.

In Ergänzung zu diesen grundsätzlichen Verhaltensweisen und den bereits angeführten Trauerreaktionen2 soll nachfolgend auf einige ausgewählte kindliche Reaktionen eingegangen werden Franz, 2002; Hinderer & Kroth, 2005):

- **Verleugnung** nach einer erschütternden Todesnachricht gehört neben der Verdrängung und der Abwehr zu den selbstschützenden Überlebensprinzipien. Kinder sträuben sich in einigen Fällen, häufig durch ständige Auseinandersetzungen über Banalitäten, und wollen die alte, sichere und vertraute Welt konservieren. Äußerungen können beispielsweise sein: „Ich will aber die Süßigkeiten haben! Oma hat mir die auch immer gekauft." oder „Kann Papa nicht mal aufhören, tot zu sein?"
- Einige Kinder sind durch den Verlust eines geliebten Menschen derart erschüttert, dass sie wie unter **Schock** reagieren. Sie wirken bei einem solchen Gefühlsschock benommen, teilnahmslos, starr oder unberührt. Wichtig ist, dass dieses Verhalten nicht mit Gleichgültigkeit verwechselt wird.

[2] Vgl. Abschnitt 1.3 Trauerreaktionen

- Ein Kind kann insbesondere in der ersten Zeit der Trauer, in der es den Verlust erst einmal annehmen muss, voll **Enttäuschung** sein. Es fühlt sich verlassen, vielleicht auch betrogen und im Stich gelassen. Es gibt viele Gefühle in Bezug auf diese nun nicht mehr vorhandene Beziehung. Der Tod hinterlässt demnach eine große schmerzhafte Lücke, die sich erst in einem langen Prozess schließen wird.
- Wenn ein Kind durch ein sehr angepasstes, rücksichtsvolles Verhalten gegenüber seinen engsten Bezugspersonen ein „**Schonprogramm**" fährt und plötzlich „auffällig unauffällig" ist, darf nicht verkannt werden, dass es trotzdem innerlich höchst aufgebracht sein kann. Diese gegensätzlichen Gefühlswelten bergen die Gefahr der verschobenen Trauerarbeit sowie der inneren Zerrissenheit.
- Beängstigend viele Kinder, insbesondere Kinder im magischen Vorschulalter, tragen **Schuldgefühle** gegenüber der verstorbenen Person in sich. Gründe dafür sind z.B. in Rivalitäten, vergangene Streitigkeiten und unausgesprochenen negativen Gedanken zu suchen.
- Nachdem ein Kind den Tod einer geliebten Person realisiert hat und in eine der zuvor beschriebenen „Pfützen der Trauer" stolpert, brechen meist sehr verschiedene, zum Teil auch widersprüchlich erscheinende Gefühle hervor. Diese **Gefühlsausbrüche** bilden ein emotionales Chaos aus Wut, Angst, Ohnmacht, Zorn, Hass, Schmerz und Sehnsucht und sind für die Familie und Trauerbegleiter/innen schwer auszuhalten. Nichts desto trotz stellen sie einen gesunden Trauerprozess dar, die zu begleiten und nicht zu unterdrücken sind.

- Im Gegensatz zu einem Erwachsenen, der sich durch seine Reife besser selbst reflektieren kann, fühlt sich ein Kind seinen eigenen Gefühlen schutzlos ausgeliefert. **Aggressionen** gegenüber dem Toten, der eigenen Person bzw. Dritten oder Zerstörungswut sind vielmals die sichtbaren Spitzen von Trauerprozessen und Zeichen von Ohnmacht.
- In der Zeit der Verinnerlichung wandelt sich das kindliche Verhalten meist, indem es zu einer **Idealisierung des Verstorbenen** kommt. Das Kind gibt dem Toten eine überhöhte Bedeutung, die er bei Lebzeiten nicht eingenommen hatte. Es „stellt den Toten auf einen Sockel".
- Nach einer anstrengenden Zeit der aktiven Trauerbewältigung können vorübergehende Rückschritte (**Regressionen**) sowohl bei Erwachsenen wie auch bei Kindern auftreten. Vielfach ziehen sich Kinder in eine innere, stille Welt zurück, werden zu regelrechten „Stubenhockern" und zeigen weder Freude an sonst geliebten Tätigkeiten noch an Tagesmutter-, Kindergarten- oder Schulbesuch. Auch Auffälligkeiten wie das nächtliche Einnässen, das bereits abgelegte Daumenlutschen oder Schnullern können reaktiviert werden oder schulische Probleme auftreten. Nicht selten kommt es vor, dass diese Kinder auf diese Weise in die Rolle des „**Sorgenkindes**" schlüpfen, was einen Ruf nach Aufmerksamkeit und mehr Fürsorge darstellt.
- Auch können Kinder von **angstbesessenen Phantasien** geplagt werden, die ihnen das Leben schwer machen. Dies tritt häufig vor allem dann ein, wenn Kinder aus Loyalität zu den wenig offenen Erwachsenen ihre Fragen unterlassen und sich nicht in neue Vorstellungsräume vortasten.
- Durch den Tod eines geliebten Menschen treten bei Kindern häufig **Verlassenheits- und Trennungsängste**

auf. Ihr Vertrauen in die Welt ist erschüttert, ihr Gefühl von Sicherheit fließt dahin. Hinzu treten häufig noch existenzielle Nöte, welche die Ängste zusätzlich vergrößern.

In Anbetracht dieser angerissenen komplexen Trauerreaktionen bei Kindern, die vielfach miteinander verknüpft sind oder sprunghaft wechseln können, heißt es abermals, sich die Notwendigkeit von kindlicher Trauer bewusst zu machen und daher eher die ressourcenorientierte „Brille aufzusetzen". Besonders treffende Formulierungen zur kindlichen Trauer lassen sich bei Petra Hinderer und Martina Kroth[3] finden.

Mit der Frage, warum manche Kinder und Erwachsene scheinbar sehr gut mit einem Todesfall umgehen und ihn in das eigene Leben integrieren können, während andere viele Jahre emotional und in ihrer Leistungsfähigkeit beeinträchtigt sind, beschäftigt sich derzeitig die Resilienzforschung. Am interessantesten erscheint diesbezüglich, welche Faktoren für eine gesunde Trauer ausschlaggebend sind.

Ohne die maßgeblichen Faktoren an dieser Stelle nennen zu können, dürfen wir Erwachsene darauf vertrauen, dass „aus Stolpersteinen Treppenstufen werden", wenn Kinder durch eine entsprechende Begleitung Wachstumsprozesse mobilisieren, die es ihnen ermöglichen, Trauererfahrungen zu meistern (Ennulat, 2003). Wie die Begleitung konkret aussehen sollte, wird in Abschnitt 4 beschrieben.

2.5 Neues Trauermodell

Bevor im praktischen Teil vertiefend darauf eingegangen wird, wie Trauerbegleitung von Kindern tatsächlich gelingen kann, soll an dieser Stelle ein Traueransatz vorgestellt werden, der die Grundaussagen der älteren Fachliteratur der Medizin und Psychologie aus den Jahren vor 2000 widerlegt und über klinische Beobach-

[3] vgl. Anhang 1: Der ressourcenorientierte Blick auf das Kind

tungen bzw. Befragungen von Sterbenden und trauernden Menschen hinausgeht. Die jüngere Literatur der Psychotherapie und Erziehungswissenschaften ab 2005 weist eine Richtung auf, in der die Wirksamkeit von Bewältigungsstrategien eine höhere Bedeutung beigemessen wird. So beschreiben beispielsweise der bekannte Psychologe Roland Kachler sowie die Anthropologin und Musikwissenschaftlerin Dr. Fiona Unterarsinger in ihren Büchern, dass der Ansatz des Loslassens in Trauermodellen unwirksam und vielmehr sogar hinderlich in der Trauerarbeit ist. Stattdessen beschreiben sie ein neues Trauermodell, in dem man die Beziehung zum geliebten Verstorbenen transformieren und auf diese Weise eine veränderte, jedoch weiterhin eine innige Form der Verbindung aufrecht erhalten kann.

Der Leitgedanke des neuen Trauermodells: *„Liebe überbrückt Welten, anstatt sie zu trennen“* (Unterasinger, 2011) weist bereits auf eine erweiterte Sichtweise zum Leben und Tod und hat seinen Ursprung in den Einsichten aus der systemischen Familientherapie nach Bert Hellinger. Demnach gehören die Verstorbenen genauso wie die noch Lebenden zum Familiensystem, das mit Hilfe der mittlerweile sehr bekannten Methode *Familienaufstellung* sichtbar gemacht werden kann. Diese birgt die Möglichkeit, Familiensysteme wieder in ein Gleichgewicht zu bringen, Nachfahren durch Rituale zu entlasten und über das Unbewusste der Beteiligten Probleme zu lösen. Möglich ist dies, weil das Unterbewusstsein einer Familie und eines jeden einzelnen keinen Unterschied zwischen Lebenden und Toten macht, vielmehr sind alle noch wirkmächtig und in diesem weiteren Sinn „lebendig“. Sie beziehen aufeinander und sind als Geflecht sehr eng miteinander verbunden. (Kachler, 2005)

Für das Trauerverständnis öffnen sich mit diesem Ansatz neue Horizonte: Denn wenn der Tod nicht das Ende der persönlichen und familiären Beziehungen ist, was Kinder in einer intuitiven und ursprünglichen Weise wissen, dann ist auch die Aufgabe des Loslassens der Verstorbenen hinfällig. Vielmehr heißt es nun: **Die Beziehung weiterleben und die Verstorbenen lieben, anstatt loslassen!**[4]

Auf die schwierige Frage, wie trauernde Kinder und Erwachsene dieses Trauerverständnis umsetzen können, seien an dieser Stelle folgende Möglichkeiten genannt, die in der Literatur von Kachler und Unterasinger vertiefend beschrieben werden:

- Alles Erdenkliche für den jüngst Verstorbenen tun
- Durch eine innere Suchreise einen sicheren Ort für den Verstorbenen finden
- Einen sicheren, haltenden Ort für den Trauernden finden[5]
- Weiterleben mit der Erinnerung an den Verstorbenen und dem inneren Begleiter (Kachler, 2005)

---

[4] In dem Aufgaben-Modell nach Worden wurde dieser Traueransatz bereits berücksichtigt und widerspiegelt sich in der vierten Aufgabe: Eine dauerhafte Verbindung zu der verstorbenen Person inmitten des Aufbruchs in ein neues Leben finden

[5] Konkrete Umsetzungsmöglichkeiten vgl. Abschnitt 4.4, anschließend 4.9

3 Pädagogische Fachkräfte bei kindlicher Trauer

Tritt im direkten Umfeld eines Kindes ein Trauerfall ein, muss geschaut werden, wer die wichtigsten Bezugspersonen für das trauernde Kind sind. Bedingt durch die frühkindliche Bindung sind es meistens die Eltern. Handelt es sich um einen Verlust innerhalb des Familienkreises oder des nahen Umfeldes, erleben es Kinder jedoch häufig, dass ihnen gerade ihre Eltern in dieser Situation kaum eine Stütze sind und sie wenig Hilfestellung bieten können. Sie sind selbst zu betroffen und mit ihrer eigenen Trauer beschäftigt. So bleiben die Kinder häufig mit ihren Emotionen um den Verlust und offenen Fragen zurück, so dass es an dieser Stelle umso wichtiger ist, dass sie im Rahmen ihrer Tagesbetreuung in Kindertagesstätte oder Kindertagespflege aufgefangen und mit ihren Bedürfnissen angenommen werden.

3.1 Rolle der Einrichtung und der Pädagogen/innen

Besucht ein Kind, das einen Traueranlass innerhalb der Familie erlebt, eine Kindertagesstätte oder Kindertagespflegestelle, so kann dies zu einem Ort werden, an dem das Kind die Fragen und Ängste, die es beschäftigen, loswerden kann. Andererseits kann die Tagesbetreuung aber auch ein Ort sein, an dem es in trauerfreiem Terrain Normalität und Alltag leben kann und kein falsches Schonprogramm ohne Regeln und Grenzen erlebt. Die Voraussetzung dafür ist, dass die richtigen Bedingungen geschaffen wurden.

Handelt es sich um einen hausinternen Traueranlass, da ein Kind oder ein/e Mitarbeiter/in der Einrichtung gestorben ist[6], ist die Trauer deutlicher Bestandteil des Betreuungsalltages. In diesem Fall ist es von unschätzbarem Wert, wenn die Einrichtung bereits präventiv arbeitet und abschiedlich lebt, indem die kleinen alltäglichen Abschiede einen gewissen Stellenwert im Betreuungsalltag erhalten und z.B. der Naturkreislauf in ganzheitlichem Ansatz bearbeitet wurde[7].

---

[6] Vgl. Abschnitt 2.3 Traueranlässe für Kinder

[7] Beispielhaftes Projekt „Alles hat Anfang und Ende“ (Franz, 2002)

Eine unabdingbare Vorstufe dafür bildet die **Selbsterfahrung im Team**, die sich aus der Auseinandersetzung mit dem Thema Tod und Trauer auf persönlicher, professioneller und institutioneller Ebene bildet. Notwendig ist sie, da Erwachsene immer wieder auf eigene Schwierigkeiten stoßen, das Unbegreifliche zu thematisieren. Vielfach haben die heutigen Pädagogen/innen in ihrer eigenen Kindheit nicht gelernt, darüber zu sprechen oder es mangelt an eigenen Erfahrungen[8]. Häufig sind es auch die schlechten Erinnerungen, die Blockaden im Umgang mit dem Thema bewirken. All dies lässt sich kaum durch professionelles Handeln kompensieren und bedarf der Thematisierung und Auseinandersetzung. Hier wird Echtheit gebraucht, da jeder einzelne selbst, mit seiner ganzen Person und Existenz angesprochen ist. Echtheit wird in diesem Zusammenhang auch dadurch unterstützt, wenn die begleitenden Pädagogen/innen selbst schon einmal Wunden abbekommen haben. Wer bisher unversehrt durch das Leben gekommen ist, sollte eher einen Rückschritt machen und im Respekt vor den vom Schicksal Betroffenen nur sehr vorsichtig seine Hilfe anbieten.

Trotz einer sehr bemühten Einstellung und vorangegangener Selbsterfahrung im Team gilt es zu beachten, dass Pädagogen/innen **persönliche Grenzen** im Umgang mit Tod und Trauer besitzen. Sie sind keine Übermenschen. Ein jeder hat Belastungsgrenzen, hat ggf. Mühe sich nicht zu sehr mit dem trauernden Kind zu identifizieren und ist mitunter in seiner eigenen Trauer sehr betroffen. Dies gilt es immer zu bedenken und möglichst im Team oder gemeinsam mit den Eltern aufzufangen.

Auch die **Grenzen der beruflichen Rolle** sind in diesem Zusammenhang nicht zu verkennen. So sollte es Pädagogen/innen stets bewusst sein, dass

- sie sich nicht *privat* in Beschlag nehmen lassen sollten,

[8] Vgl. Abschnitt 2.1 Tod und Trauer in unserer Gesellschaft

- sie sich vor „Übergriffen“ der in Not geratenen Trauernden schützen und *Nein* sagen lernen,
- es z.T. schwer auszuhalten ist, wie unsensibel Eltern mit ihrem trauernden Kind umgehen und nicht mit ihnen als Pädagogen/innen zusammenarbeiten und
- sie nicht in die Rolle des Therapeuten schlüpfen dürfen.

Die immense Bedeutung einer klaren und dennoch positiven Kommunikation wird in Anbetracht der hier formulierten Grenzen sicher sehr deutlich.

3.2 Anforderungen an die Pädagogen/innen

Ausgangspunkt in Zeiten kindlicher Trauer ist viel menschliche Wärme innerhalb der Tagesbetreuung. Zweites zentrales Element bildet das Beziehungsangebot seitens der Pädagogen/innen. Letzteres ist ein Kernelement vom klienten- bzw. personenzentrierten Ansatz des amerikanischen Psychologen Carl R. Rogers, der gegenwärtig erfolgreich in Beratung, Supervision und Therapie integriert wird.

Ein **Beziehungsangebot** ist nach Rogers durch folgende drei Merkmale gekennzeichnet (Weinberger, 2007):

I. **Einfühlendes Verstehen (Empathie)** ist vor allem dadurch gekennzeichnet, dass die pädagogische Fachkraft bemüht ist, sich in das Kind hineinzuversetzen, Stimmungen nachzufühlen, für das Kind da zu sein, einfühlsam über Angebote in die Bewältigung zu kommen und dass sie ihm das Gefühl vermittelt: Ich kümmere mich um dich.

II. **Unbedingte Wertschätzung (Akzeptanz)** zeigt sich dadurch, dass die pädagogische Fachkraft das Kind ungeachtet der verschiedenen Bewertungen, die sie selbst den verschiedenen Verhaltensweisen gegenüber hat, schätzt. Damit schenkt sie dem Kind Anerkennung und akzeptiert es als Ganzes. Durch diese positive Beachtung kann das Kind auf Entdeckungsreise zu sich selber kommen und seine Gefühle, Gedanken und Bewertungen kennen lernen.

III. **Echtheit/ Kongruenz** der pädagogischen Fachkraft wird deutlich, wenn sie bei der Begegnung mit dem Kind keine „Rolle“ spielt, sondern einfach als Person mit ihrem Wesen und ihren Erfahrungen in ihrer Echtheit da ist. Es ist wichtig, dass sie sich nicht hinter einer professionellen Maske verbirgt und ihre Gedanken in einer Form ausspricht, die dem Kind gegenüber angemessen ist.

Das Zusammenspiel dieser Merkmale zeigt sich in einer stimmigen zwischenmenschlichen Beziehung, so dass sich ein trauerndes Kind auf die pädagogische Fachkraft als Bezugsperson und Begleitung einlassen kann.

3.3 Aufgaben der Pädagogen/innen

Mit dem Verständnis der Rolle der Pädagogen/innen sowie der Anforderungen an deren Person treten nun die Aufgaben in den Vordergrund.

Wie bereits angesprochen gilt das **abschiedliche Leben** in der Tagesbetreuung von Kindern als vorbereitende Aufgabe. Nicht erst, wenn ein Todesfall eintritt, erkunden Kinder fragend die Welt. Immer wieder spüren sie, dass das Leben mit all seinen schönen Seiten nicht ohne ein gewisses Maß an Trennungsschmerzen verläuft und deren Linderung mit Anstrengung verbunden ist. So ist es für Kinder sehr hilfreich, wenn sie Ritualen des Abschieds und der zyklischen Wiederkehr vertrauen lernen. Auf diese Weise fühlen sie sich beim Verlust einer geliebten Person besser aufgefangen, da sie bereits ein Bild ihrer inneren Welt konstruieren konnten, zu dem der Abschied hinzugehört. (Hinderer, 2005)

Auf die Frage, was genau Pädagogen/innen bei Trauer eines ihnen anvertrauten Kindes tun können, kommt schnell die Antwort, dass sie dem Kind helfen und es unterstützen wollen. Hilfe jedoch zeigt sich dadurch, dass Mittel und Methoden zu Verfügung stehen, um dem Betroffenen etwas abzunehmen, ihn von Lasten oder auch Entscheidungen zu befreien. Hilfe kann auch heißen, dem Betroffenen etwas ganz und gar abzunehmen. Spätestens an dieser Stelle wird deutlich, dass Hilfe nicht die richtige Form der Trauerunterstützung sein kann, sondern eher die **Begleitung**. Diese zeichnet sich dadurch aus, dass der Trauernde seinen eigenen Weg geht, die pädagogische Fachkraft jedoch mitgeht und motiviert. Man kann nachfragen, etwas vorschlagen oder anbieten und das, ohne den genauen Weg und das Tempo zu kennen. Grundsätzlich gilt, dass ein trauernder Mensch, auch ein trauerndes Kind, meistens genau spürt, was er gerade braucht. Ihn zu begleiten bedeutet deshalb, ihm dabei zu helfen, seinen eigenen Impulsen nachzugehen und seine eigenen Ausdrucksformen zu finden, so dass es zu einer gemeinsam geteilten Erfahrung wird.

Vor diesem Hintergrund und in Verbindung mit den angesprochenen Anforderungen an Pädagogen/innen kann als **Hauptaufgabe** formuliert werden, dass sie im Fall von kindlicher Trauer eine möglichst innige heilungs- und entwicklungsfördernde Beziehung gestalten und das Kind in seinen Gefühlen annehmen sollen. (Hinderer, 2005)

Damit dies gelingt, sind durch pädagogische Fachkräfte folgende Aufgaben zu erfüllen (Weinberger, 2007):

Beobachten: Da sich Kinder, insbesondere Kleinkinder, weniger verbal als mit ihrer Mimik und Gestik mitteilen, sollten Pädagogen/innen in erster Linie ihre Wahrnehmung für die Signale der Kinder schulen. Im Mittelpunkt steht dabei der Gefühls- und Stimmungsausdruck, der beispielsweise durch die Körperhaltung, die Bewegungen, den Gesichtsausdruck und die Augenbewegung sichtbar wird. Wichtig ist dabei, Interpretationen vorerst zur Seite zu stellen.

Wachheit/Momentkonzentriertheit: Kinder sind ständig in Bewegung und in die unmittelbare Gegenwart eingebunden und können von einem Moment zum anderen wieder „ganz neu sein". Diese Momentzentriertheit bedeutet Schnelligkeit im Handeln und in Gefühlen des Kindes. Um als Pädagoge/in in der schwierigen Trauersituation, die ohnehin vom „Wechselbad der Gefühle" geprägt ist, begleiten zu können, ist die prompte Reaktion und das schnelle Setzen eigener Anreize von Bedeutung.

Zuhören: Häufig kommt es vor, dass sich Kinder über das mangelnde Zuhören ihrer Eltern beklagen. Gerade in Zeiten einer kindlichen Trauer ist jedoch das Gespräch mit der ungeteilten Aufmerksamkeit der Erwachsenen von größter Bedeutung. Vielfach wird das empathische Hinhören und die innere Bereitschaft zum Zuhören gefordert, da das Kind immer etwas von seinem inneren Erleben mitteilt, auch wenn sich Wiederholungen einstellen. Zuhören bedeutet demnach ein Offen-sein für das Kind mit seiner inneren Welt.

Geduld: Da Trauer Zeit braucht, ist ein besonnener Umgang seitens der Pädagogen/innen unumgänglich. Das Kind wird Phasen aktiver Trauerarbeit mit vielfältigen Trauerreaktionen und Phasen der Erholung durchleben, wobei die geduldige und kontinuierliche Bereitschaft zur Begleitung ein wichtiger Ausgangspunkt für das trauernde Kind ist.

Kontinuität: Ein trauerndes Kind braucht keinen Schonraum ohne Regeln und Grenzen, sonder Kontinuität des Alltags mit seinem stabilisierenden Rhythmus.

4 Praktische Begleitung eines trauernden Kindes

„Trauer braucht Ausdruck, Raum, Zeit und Gemeinschaft."
(Hinderer, 2005)

Unter der Überschrift dieser vier Grundvoraussetzungen kann kindliche Trauer in angemesserer Weise überwunden werden. Wichtig ist dabei, dass kleinen wie auch größeren Kindern „Erlaubnisse" im Zuge ihrer Trauerbewältigung zugestanden werden[9]. Auf diese Weise werden sie in ihrem Selbst gestärkt und können ihre Begleiter und deren Angebote eher annehmen.

4.1 Grundhaltung der Pädagogen/innen

Um auf konstruktive Art zu lernen, mit Schwierigkeiten und Gefühlen umzugehen, hat die Psychologin und Pionierin der Spieltherapie Virginia M. Axline acht Grundprinzipien für die nicht-direktive Spieltherapie[10] entwickelt. Diese bilden eine Konkretisierung für die Merkmale des zuvor dargestellten Beziehungsangebotes[11] und finden sich in den bereits angesprochenen Anforderungen an Pädagogen/innen wieder. In Ergänzung dazu treten folgende Hinweise:

- **Nicht Vertrösten:** Hier gilt es den feinen Unterschied zwischen Trost und Vertrösten zu kennen. Vertröstungen zeigen sich gewissermaßen in Beschwichtigungen, wie z.B. „Das wird schon wieder!", Moralisierung wie beispielsweise „Denk doch mal an die vielen Kinder, deren Oma schon gestorben ist!", Gefühlszurückweisungen wie „Dafür bist du noch zu klein!" oder Verallgemeinerungen „Durch die Trauer müssen alle durch!". All diese Äußerungen lenken ab, klammern aus, schieben auf und entfernen sich vom Erleben des Trauernden. Kinder und Erwachsene, die viel verloren haben, sind empfindlich gegenüber leeren Worten und auch sogenannten guten Ratschlägen. Sie

[9] vgl. Anhang 2: Zehn „Erlaubnisse" für Kinder, die trauern (Kachler, 2007)
[10] vgl. Anhang 3: Kurzdarstellung der acht Grundprinzipien der nicht direktiven Spieltherapie
[11] vgl. Abschnitt 3.2 Anforderungen an Pädagogen/innen

sehnen sich nach Resonanz und dem Mitschwingen der anderen. Vor diesem Hintergrund zeigt sich Trost also nicht dadurch, dass fließende Tränen weggewischt werden, sondern dass das trauernde Kind geborgen gehalten weiter weinen kann. (Pisarski, 1982)

- **Resonanz und Echo:** Bleibt das empathische Mitschwingen aus, was durch Aussprüche wie z.B. „Indianer weinen nicht!" verstärkt wird, fühlt sich ein trauernden Kind einsam. Viel besser ist es, Worte oder emotional geprägte Handlungen des Kindes zu spiegeln und ihm dadurch Resonanz zu zeigen. Dieses Echo, das von Echtheit und Anteilnahme der pädagogischen Fachkraft geprägt sein muss, fängt das Kind in seinen Gefühlen auf, es fühlt sich angenommen und verstanden.
- **Trauer nicht verkleinern:** Aussagen und Handlungen nach dem Motto „Das ist doch alles halb so schlimm!" oder „Das ist doch nun schon so viele Wochen her!" reduzieren Trauergefühle keineswegs, sie vergrößern eher die Gefahr, dass sich ein trauerndes Kind verschließt oder sich andere unvorteilhafte Trauerreaktionen einstellen.
- **Nicht Beschleunigung:** Trauer braucht seine Zeit und man sollte nicht versuchen, sie zu beschleunigen. Wird versucht, allzu schnell zur Normalität über zu gehen, besteht die Gefahr, dass die Emotionen später wieder aufbrechen und schlimmsten Falls in Depressionen münden. Als pädagogische Fachkraft sollte man daher den Signalen des Kindes höchste Priorität geben.
- **Eigene Gefühle:** Als pädagogische Fachkraft darf man durchaus unsicher sein und Unsicherheit benennen. Auch darf das Kind nach seiner Meinung gefragt werden, denn es weiß sehr wohl, dass es für Zeiten der Trauer kein

Rezept gibt. Wichtig ist, dass das Kind nicht unentwegt ängstlich beobachtet wird, sondern die Signale des Kindes „nebenbei“ empfangen werden. (Hinderer, 2005)

4.2 Kommunikation

→ Kommunikation mit Kindern:

Oftmals fällt es nicht leicht, über den Tod zu sprechen und dabei die passenden Worte zu finden. Doch gerade der Umgang mit den richtigen und damit ehrlichen **Begrifflichkeiten** ohne eine blumige Sprachwahl oder Schönrederei ist für Kinder von höchster Bedeutung. Aus diesem Grund sollten auf den Tod ersetzende Redewendungen wie z.B. *eingeschlafen* oder *entschlafen*, *heimgegangen*, *die von Gott heimgeholt* oder *Radieschen von unten sehen* gänzlich verzichtet werden. Sie informieren falsch und belügen, indem Kinder Vorstellungen entwickeln, die am Ende mehr ängstigen und damit schaden, als sie vermeintlich schützen. Gertrud Ennulat formulierte als Inspiration Antworten auf häufige Kinderfragen, die im Gespräch mit einem Kind zu eigenen Ideen und weiteren Fragen ermuntern[12].

Grundsätzlich gilt: Es gibt **keine falschen Antworten** oder überfordernde Erklärungen, sobald die Erwachsenen diese als ihre Sichtweise formulieren und Offenheit gegenüber anderen Ansichten signalisieren. Diese Tatsache erklärt sich ganz einfach damit, dass Kinder im Werden sind und nicht nach abgeschlossenen endgültigen Antworten suchen. Was ein Kind heute noch nicht versteht, danach wird es sich vielleicht in ein paar Wochen später erkundigen. Für gewöhnlich fragen Kinder wieder nach, sobald sie mehr wissen wollen.

Weiterhin kann für Gespräche mit trauernden Kindern sehr hilfreich sein, wenn die **Informationen in kleinen Häppchen** – nach dem Prinzip „Weniger ist mehr“ – mit dem Kind erörtert werden.

[12] vgl. Anhang 4: Kommunikationsbeispiele

Insbesondere kleine Kinder wären mit einer Fülle an Informationen auf einmal überfordert, in einer aktuellen Trauersituation sowieso. Bei ihnen bieten sich durch Bilderbücher eröffnende oder geleitete Gespräche an.

→ Kommunikation mit Eltern der Einrichtung bzw. Kindertagespflegestelle:
Grundsätzlich ist zu empfehlen, die Eltern der Einrichtung bzw. Kindertagespflegestelle von sich aus zu benachrichtigen und nicht darauf zu hoffen, dass die meisten die Todesnachricht aus der Zeitung erfahren oder „sie sich herumspricht“. Offen mit der Situation umzugehen bedeutet in diesem Fall, den Verstorbenen weiter wertzuschätzen und den Verlust der Hinterbliebenen wahr- und ernst zu nehmen. Geeignet sind folgende Aktivitäten:

- ✦ **Ansprache** der Eltern beim Bringen oder Abholen
- ✦ **Aushang** z.B. mit Kerze im Eingangsbereich (v.a. in Kita und Schule)
- ✦ **Elternbrief** mit Todesnachricht und Umgang in der Einrichtung
- ✦ **Elternabend** (Achtung: auf Widerstand von Elternseite vorbereitet sein)

→ Kondolenz an die trauernde Familie:
Mit der Kondolenz gibt man der trauernden Familie ein Zeichen, dass man um den Verlust in der Familie weiß, an sie denkt, mitfühlt und den Hinterbliebenen für Gespräche zur Verfügung steht. Wichtig ist, dass keine Floskeln wie „*Herzliches Beileid*“ oder Gedichte geschrieben werden, die für die Trauernden ein zusätzlicher Schlag ins Gesicht sind, sondern eher ein oder mehrere Sätze über die eigene Befindlichkeit. Dies können sein: „*Wir denken ganz fest an …*“ oder „*Uns fehlen die Worte.*“

- ✦ **Kondolenzkarte**, die gemeinsam mit den Kindern gestaltet und beschrieben wird,
- ✦ **Kondolenzbuch**, das in der Einrichtung bzw. Tagespflegestelle gestaltet und für die Eintragung der anderen Eltern ausgelegt wird,
- ✦ **Post an ein länger abwesendes, trauerndes Kind**, indem in Abständen von mehreren Tagen jeweils ein anderes Kind eine Postkarte bemalt und mit einem Gruß aus der Einrichtung an das trauernde Kind versandt wird

→ Gespräche mit den Kindern vor der Wiederkehr des trauernden Kindes:

Die Zeit, die ein trauerndes Kind möglicherweise der Einrichtung bzw. Tagespflegestelle fern bleibt, kann für die Vorbereitung der Gruppe auf seine Rückkehr genutzt werden. Dabei geht es in erster Linie um die Entwicklung eines Verständnisses der Kinder dafür, wie es einem trauernden Kind geht und es sich fühlt. Wenn das betroffene Kind bei seiner Rückkehr spürt, seine Situation wird nicht ignoriert und seine Gefühle werden wahrgenommen, dann ist eine Atmosphäre in der Gruppe geschaffen, in der sich das Kind aufgefangen und wertgeschätzt fühlt.

- ✦ **Gruppengespräch**, bei dem z.B. mit einem weiterzugebenden Stein signalisiert, wer an der Reihe ist und sich alles von der Seele reden kann (Achtung: Kinder sollen jeweils bei ihren eigenen Gefühlen bleiben und das Gesagte sollte nicht durch andere kommentiert werden. Ein mitunter überwältigtes Kind kann neben dem/der Pädagogen/in Platz nehmen und die Runde wird fortgesetzt. Unpassende Äußerungen werden nicht unterbunden, aber die vorher vereinbarten Gesprächsregeln wiederholt.)

- ✦ **Gruppenbild**, das gemeinsam gestaltet wird und ein Willkommensgruß als bestärkendes Geschenk zur Rückkehr in die Gruppe darstellt,
- ✦ **Hilfskärtchen/Smily-Kärtchen**, die je nach Alter der Kinder gestaltet und beschrieben werden können (z.B. mit *„Ich bin für dich da.“*) und dem trauernden Kind bei seiner Rückkehr vorgelesen und überreicht werden.

4.3 Gedenkfeier und Bestattung

→ **Der persönliche und wahrhaftige Abschied** vom Verstorbenen spielt für die Trauerarbeit von Kindern eine wesentliche Rolle. Fehlt dieser und ein Kind kann sich aus irgendeinem wichtigen Grund nicht mehr von dem Verstorbenen verabschieden, so fehlt ihm ein Bild in der Abfolge der Ereignisse. Eine entscheidende Szene - ein entscheidendes Puzzlestück - kann nicht im Gedächtnis abgespeichert werden. Es ergibt eine Leerstelle, die sich besonders bei Kindern mit Phantasien füllen und Angst auslösen kann sowie den Trauerprozess erschwert. Vor diesem Hintergrund sollten alle Hinterbliebenen sich dafür einsetzen, dass sich ein Kind vor dem Tod am Sterbebett des geliebten Menschen oder nach dem Tod während einer wertschätzenden Aufbahrung zu Hause[13] oder am offenen Sarg verabschieden kann. Sollte sich ein Kind trotz einfühlsamer Erklärungen vor dem möglichen persönlichen Abschied verwehren, so sollte man es dem Kind einräumen, auf eigene Weise Abschied zu nehmen.

→ **Eine einfühlsame Information** des Kindes über alle bevorstehenden Abläufe ist außerordentlich dienlich für die Zeit vor der Bestattung. Dabei ist es wichtig, ohne Wertung zu informieren und keine Empfehlung für kindliche Entscheidungen vorweg zu nehmen.

---

[13] Aufbahrungen zu Hause dürfen bis zu 36 Stunden lang sein

→Sich aktiv an der Vorbereitung der Gedenkfeier zu beteiligen kann für Kinder besonders hilfreich sein. Auf diese Weise erhält das Kind die Möglichkeit, dem Verstorbenen noch einmal ganz nah zu sein, was Ohnmachtsgefühle vermindern hilft. So kann das Kind mit Begleitung der Erwachsenen nun alles Erdenkliche für den Verstorbenen tun, was noch in seiner Macht steht. Das kann beispielsweise die Auswahl der Lieblingskleidung des Toten für die Bestattung sein, ein Bild oder Brief für den Sarg oder ein Amulett mit einem Bild des Kindes für den Verstorbenen. Kinder sollten letzten Endes immer selbst entscheiden dürfen, ob und wie lange sie an der Trauerfeier teilhaben wollen bzw. können und für einen zeitweiligen Rückzug eine Person ihres Vertrauens zusätzlich zu ihren Angehörigen bei sich haben. Insbesondere bei kleineren Kindern ist ein Friedhofsbesuch vor der Bestattung zu empfehlen, bei dem alle Fragen beantwortet werden können.

Folgendes können die Hinterbliebenen sowie die pädagogischen Fachkräfte im Zuge der Trauerfeier tun und damit beiläufige Gespräche mit dem Kind fördern:

- ✦ **Die Traueranzeige** für die Zeitung gemeinsam verfassen und gestalten.
- ✦ **Die Gedenkfeier** bedarf organisatorischer Vorbereitungen, an denen sich trauernde Kinder nach Möglichkeit beteiligen sollten z.B. bei der Musikauswahl, dem Blumenschmuck, Gedichte und Geschichten für die Trauerrede, u.ä.
- ✦ **Basteln für die Trauerfeier** ist ein zweckmäßiges sowie kreatives Wirken des trauernden Kindes z.B. das Gestalten einer Kerze oder eines Kranzes.
- ✦ **Grabbeigaben** sind Utensilien[14], die zum Trost der Hinterbliebenen z.B. in einem kleinen Bündel mit in den Sarg gelegt werden können.

---

[14] Bei Feuerbestattungen sind nur natürliche Materialien als Grabbeigaben gestattet

- **Der Leichenschmaus** ist ein Treffen der Trauernden nach der Bestattung, bei dem sich Kinder oft unwohl fühlen. Ihnen sollte die Möglichkeit zu körperlicher Bewegung oder intensivem Spielen gegeben werden.
- **Eine Abschiedsfeier in der Einrichtung/ Kindertagespflegestelle** bietet sich an, wenn es sich um den Todesfall eines Kindes oder eines/r Mitarbeiters/in der Einrichtung handelt oder ein trauerndes Kind aus wichtigem Grund nicht an der Gedenkfeier der Familie teilnehmen konnte. Die Feier sollte in allen Einzelheiten mit den Kindern besprochen und geplant werden.
- **Ein Friedhofsbesuch** des trauernden Kindes mit Freunden (max. 5 Kinder) und einer pädagogischen Fachkraft ist generell empfehlenswert. Es können Blumen, kleine Steine oder wetterfeste Basteleien mitgebracht werden. Ein abschließendes Betrachten anderer Gräber und Gespräche über deren Angehörigen ist für die Kinder meist erleichternd.
- **Grabpflege** kann zu einem Ritual im Rahmen der Beziehungspflege zum Verstorbenen werden. Dabei kann das Kind sich abermals aktiv einbringen, seine Trauer zeigen und sich in der Nähe des Verstorbenen getröstet fühlen.

4.4 Verbindende Orte und Leben mit Erinnerungen

→ Einen sicheren Ort für den Verstorbenen finden:

Je nach dem innewohnenden Todeskonzept und dem religiösen Glauben eines Kindes kann es sehr tröstlich sein, einen guten Ort für die Seele des Verstorbenen zu finden. Dies kann am ehesten durch eine innere Suchreise gelingen, die durch Phantasie- und Vorstellungsübungen geleitet werden kann. Ergänzend dazu treten thematisch geeignete Kinderbücher und Kreativangebote, so dass sich ein Kind ganz individuell *seinen Ort* für den Verstorbenen suchen kann. Vielfach sind es hoffnungsvolle Vorstellungen von Himmel, Paradies, Engelsreich, einem fernen Stern, einem großen Licht oder dem Land hinter dem Regenbogen, wobei der Regenbogen die Erde und den Himmel miteinander verbindet[15].

→ Einen sicheren, haltenden Ort für den Trauernden finden:
Für Zeiten der Trauer, in denen ein Rückzug oder ein kurzzeitiges Halten gebraucht wird, kann ein verbindender Ort neben der schmerzlichen Abwesenheit auch großen Trost und Erleichterung bringen. Folgende verbindende Orte suchen Kinder wie Erwachsene häufig auf:

- das Grab,
- das Zimmer des Verstorbenen,
- den Lieblingssitzplatz oder -sessel des Verstorbenen,
- einen bestimmter Platz der Ruhe in der Natur,
- einen Ort, an dem man sich an ein gemeinsames Erlebnis erinnert,
- ein bestimmtes Bild oder
- die Kirche.

→ Leben mit Erinnerungen:
Was ein Kind mit dem geliebten, verstorbenen Menschen erlebt hat, geht grundsätzlich nie verloren. Das Bewusstsein darüber kann mit Hilfe von Erinnerungen lebendig gehalten und ins weitere Leben des Kindes integriert werden. Auf diese Weise stärkt es das Kind.

Erinnerungen sind meistens innere Bilder, die dem Kind vor Augen kommen. Fotos oder auch Videoausschnitte als äußere Bilder können ein **Hilfsmittel** sein, bekannte Erinnerungsbilder zu stärken oder vergessen geglaubte Erinnerungen wachzurufen. (Kachler 2005)

[15] vgl. Kachler, R. (2007): Wie ist das mit ... der Trauer (S. 116-118). Stuttgart/ Wien: Gabriel

Ein besonders hilfreicher Aspekt ist es, wenn ein trauerndes Kind im Zeichen der Erinnerung etwas **Charakteristisches** vom verstorbenen Menschen weiterlebt. Dies können einzelne Rituale des Verstorbenen wie z.B. das doppelte Abschließen der Haustür, besondere Geschicklichkeiten wie beispielsweise das Apfelschälen mit einer Apfelschalenschlange als Rest oder das Tragen einzelner Kleidungsstücke wie das Lieblingsshirt am Geburtstag sein.

Auch **Rituale** bilden in diesem Zusammenhang ein sicheres Gerüst für ein Kind. Ein noch so kleines Ritual, wie z.B. das Anzünden einer Kerze zum Gedenken, setzt ein Zeichen, dass der Verstorbene Spuren hinterlassen hat. Es definiert Zugehörigkeit, schafft Geborgenheit, bietet eine Struktur und damit Sicherheit. Kinder erfinden auch gern selbst Rituale, die insbesondere in Zeiten der Trauer Beachtung und Gewähren erfahren sollten. (Weinberger, 2007)

Folgende Dinge können zu einem Klima führen, in dem Erinnerungen zugelassen bzw. ausdrücklich gewünscht werden:

- ✦ **Ein Trauertisch** bietet Kindern Gelegenheit, Dinge, die ihnen in Bezug zu dem Verstorbenen wichtig sind, zu zeigen und mit allen zu teilen. Er kann mit einem Bild, Blumen und einer Kerze gestaltet und zu einem sichtbaren Ort für Erinnerung werden.
- ✦ **Eine Erinnerungscollage** aus Fotos oder ein Fotoalbum von dem Verstorbenen als Gemeinschaftsarbeit bieten Gesprächsgelegenheiten und bringen ein einmaliges Werk zur Erinnerung hervor.
- ✦ **Das Fünf-Finger-Erinnerungsritual** in Anlehnung an Roland Kachler können Kinder für sich oder in der Gruppe durchführen, indem sie (wenn sie möchten bei geschlossenen Augen) jeden Finger einer Hand einmal anfassen und an eine bestimmte Situation mit dem Verstorbenen

denken bzw. diese aussprechen. Es können immer wieder die gleichen fünf Erinnerungen sein, die den Kindern auf diese Weise vor Augen kommen.

- ✦ **Erinnerungstage** wie der Geburtstag und der Sterbetag des Verstorbenen sollten besondere Beachtung finden und beispielsweise durch das Steigenlassen von Helium gefüllten Luftballons oder schwimmenden Laternen begangen werden.
- ✦ **Ein Erinnerungsschatzkästchen** kann nach einer sehr aktiven Trauerphase die gesammelten Schätze zur Erinnerung an den Verstorbenen unterbringen und etwas weniger präsent, aber für die Kinder zugänglich sein.

4.5 Kinderliteratur

Bei der Literaturrecherche wurde deutlich, dass vor allem in den letzten zehn Jahren viele problembewussten Bilder- und Geschichtenbücher erschienen sind, bei denen Sterben und Tod nicht ein Thema neben vielen anderen, sondern das zentrale Thema ist. Hinzu treten zahlreiche überlieferte Märchen, die durch ihre symbolträchtige und fantasiereiche Sprache einen ganz besonderen Zugang zum Thema ermöglichen, da sie der Erlebniswelt und der Denkweise von Kindern entsprechen.

Mit Hilfe der Kinderliteratur kann

- eine behutsame Annäherung an ein schwer vorstellbares Thema entstehen,
- der Einstieg in ein Gespräch über Sterben, Tod und Trauer erfolgen,
- das angstfreie Sehen der Vergänglichkeit und das Verständnis über die Zyklen von Werden und Vergehen gefördert werden,

- bei einer direkten Konfrontation mit dem Tod Trost gespendet und Lösungswege mit modellhaften Charakter gefunden werden,
- bei einer nachträglichen Aufarbeitung eines Todesfalls Redehemmungen oder Sprachlosigkeit durchbrochen werden.

  (Cramer, 2/2003)

→ Auswahl der Kinderliteratur:

Bei der Wahl eines geeigneten Kinderbuches ist einerseits auf die Rahmenbedingungen und andererseits auf das Kind zu schauen. Folgende fünf Fragen sind als Entscheidungshilfe nützlich:

- Welche Aspekte werden durch das Buch angesprochen (Trennung, Abschied, Verlust, Angst, Einsamkeit, Hilfe, Liebe, Trost, Neuorientierung)?
- Für welche Altersgruppe ist das Buch geeignet? bzw.
- Entspricht das Buch beim Betrachten bzw. beim Lesen der geistig-seelischen Entwicklung des Kindes?
- Passt die dargestellte Geschichte dem Trauererleben des Kindes und bietet es ihm ausreichend Identifikationsmöglichkeiten?
- Lassen Text und Bild genügend Raum für die eigene Gefühlswelt des betrachtenden Kindes?
- Ist es von der Grundtendenz positiv gestimmt?

  (in Anlehnung: Franz, 2002)

→ Empfehlungen im Umgang mit Kinderliteratur:

Grundsätzlich lässt sich festlegen, dass das *gemeinsame* Betrachten von Bilderbüchern bzw. das *gegenseitige* Vorlesen von Geschichten der wichtigste Aspekt in diesem Zusammenhang ist. Bei der Frage nach dem richtigen Moment für das Anschauen von Bilderbüchern zum Thema Tod und Trauer kann die Aussage getroffen werden: Besser heute als morgen. Die Voraussetzung für den richtigen Moment ist lediglich, dass die pädagogische Fachkraft Zeit haben muss und das Kind wie der Erwachsene die Bereitschaft zum Schauen, Lesen und Reden spürt.

Bei kleinen Kindern unter drei Jahren sind die sprachlichen Mittel noch sehr begrenzt, so dass sie stärker auf den Erwachsenen als Dolmetscher angewiesen sind. Für diese Kinder sind problemorientierte Bilderbücher mit kurzen begleitenden Texten besonders gut geeignet, die Geschichten von Tieren oder Pflanzen erzählen, die um das Lebensende und Trauer kreisen. Über Bilder und wenige Worte verstehen die Kinder auf der Symbolebene, was geschieht und können sich innerhalb einer kurzen Zeit auf der emotionalen Ebene, mit zunehmendem Alter auch auf der kognitiven Ebene mit dem Thema Sterben, Tod und Trauer auseinandersetzen. (Ennulat, 2012)

- **Einfache Bilderbücher und Märchen**[16]

  Im magischen Kindergartenalter zwischen drei und sechs Jahren bietet sich insbesondere das Vorlesen von Märchen an. Diese übersetzen wichtige menschliche Lebenssituationen wie z.B. Abschied, Trennung, Sterben und Tod in Symbole und Bilder, deren Bedeutung Kinder in diesem Alter mit feinem Gespür erkennen. Sie verstehen die Botschaften der Märchen intuitiv.

  Für das Vorschulalter ab fünf Jahren wird eine ganze Pallete an Bilderbüchern angeboten, die illustriert und mit kurzen Texten zum Vorlesen ergänzt sind.

Für Kinder im sicheren Lesealter kommen zusätzlich folgende Möglichkeiten in Betracht:

- **Geschichtenbücher**, die teilweise mit Sachinformationen ergänzt sind

[16] Vgl. Anhang 5: Literaturempfehlungen und Märchenliste

- ✦ **Sachbücher/ Reportagen**, die das Thema umfassend beleuchten
- ✦ **Eigene Geschichten**, die den Federn der Schulkinder entspringen können oder frei erfunden von pädagogischen Fachkräften erzählt werden (Angst vor psychischen Schäden bei Kindern sind nicht zu befürchten, da das Kind seine eigenen Bilder entstehen lässt und nur hört, was es hören will)
  (Weinberger, 2007)

4.6 Kunst und Gestaltung

→ Kunst und Gestalten zur Heilung

Kindertrauer ist häufig ein starker Impuls für kreatives Gestalten. Dies beruht einerseits auf der heilenden Wirkung der Kunst und andererseits auf dem Bewusstwerden innerer Vorgänge. Als Aufgaben der heilenden Kunst können folgende Aspekte aufgeführt werden:

- die Stützung des Ich's,
- die Förderung des Gefühls der eigenen Identität und
- der Reifungsprozesse im Allgemeinen.

Ähnlich wie im Spiel ist in der Kunst die Macht des Realitätsprinzips aufgehoben und verbotene Wünsche und Impulse können ausgedrückt werden. Ein Unterschied zum kindlichen Spiel liegt in der Rolle der pädagogischen Fachkraft. Sie wird aktiv einbezogen und durch Aufforderungen, wie z.B. „Schau mal mein Bild an!" zu Beachtung und Bewunderung angeregt und gegebenenfalls um Anleitung und Unterstützung gebeten. Wichtig ist an dieser Stelle, dass dem Kind keine erwachsenen Vorstellungen und Arbeitsweisen aufgezwungen werden.

Die Kräfte, die sich bei einem schöpferischen Prozess gegenseitig unterstützen wie auch hemmen, sind bei Kindern durchsichtiger als bei Erwachsenen. (Weinberger, 2007)

Zum Zweck einer gewissen Systematisierung hat die Kunsttherapeutin Edith Kramer fünf Arten der Betätigung und des Materialgebrauchs herausgearbeitet:

- ✦ **Einleitende Tätigkeiten:** Kritzeln durch weit ausholende rhythmische Bewegungen mit geschlossenen Augen (erst in der Luft, dann auf großem Papier); Schmieren; Erforschen der Eigenschaften von Material.
  Dies führt zwar noch nicht zur Erarbeitung symbolischer Formen, dafür aber zum positiven und ich-gerechten Erleben.
- ✦ **Chaotisches Entladen:** Planschen; Spritzen; Hämmern; Zerstörendes, negatives Verhalten - bis hin zum Kontrollverlust
- ✦ **Kunst im Dienst der Abwehr:** Stereotypisches Wiederholen; Kopieren; Durchpausen; banale konventionelle Arbeiten - als Flucht in zwanghafte Tätigkeiten bis ein schöpferisches Arbeiten möglich wird.
- ✦ **Bilderschrift:** Bildmitteilungen, die Worte ersetzen oder ergänzen und in der Regel flüchtig ausgeführt sind. Bilderschrift bleibt gewöhnlich für den Außenstehenden unverständlich. Sie haben eher klärende Wirkung im Akutfall, als heilende Wirkung.
- ✦ **Gestalteter Ausdruck oder Kunst im wahrsten Sinne des Wortes:** Schaffung symbolischer Gebilde, die Ausdruck des Selbst und gleichzeitig eine Mitteilung an die Umwelt sind. Schöpferische Arbeit kann einem Kind helfen, sich innerlich auf eine neue Situation einzustellen oder Angst zu bewältigen. Schöpferische künstlerische Werke

können zum Träger von Phantasien werden und trauernde Kinder wieder in die Lage versetzen, sich als Kind im alltäglichen Leben zurechtzufinden. (Kramer, 2004)

Neben der heilenden Wirkung des künstlerischen Schaffens können die Bilder und plastischen Produkte jedoch auch als Hilfsmittel für Interpretationen dienen und der Psychotherapie von Nutzen sein. Kinder wollen aber auch von Eltern und pädagogischen Fachkräften in ihrer Bildsprache verstanden werden. Wird es beispielsweise verstanden, dass Bilder gemalte Bewegungen der kindlichen Seele sind, so können Kinderzeichnungen unermesslich viel erzählen. (Krenz, 2010)

→ Zweckmäßiges Zeichnen und Gestalten

Mit dem Ziel, dem Verstorben möglichst nah zu sein, wurden bereits zuvor[17] Vorschläge gemacht, durch kreatives Arbeiten zweckmäßige Produkte zu erstellen.

Folgende Ideen werden an dieser Stelle ergänzt (Hinderer, 2005):

- ✦ **Mobile der Familie oder der Kindergruppe** (an Fäden; Struktur wie bei einem Stammbaum): zur Darstellung des plötzlichen Ungleichgewichtes, wenn die verstorbene Person im Alltag fehlt
- ✦ **Bild vom sicheren Ort des Verstorbenen** z.B. Himmelsbild[18]: zur Auseinandersetzung und Sichtbarmachung des neuen Ortes des Verstorbenen
- ✦ **Sammeln** z.B. Sammelalbum, Schaukasten: Beschäftigung, die immer auf die Zukunft gerichtet ist

4.7 Spielend Helfen

Das freie Spiel hat in jeglicher Hinsicht eine entscheidende Bedeutung. Es ist die Sprache des Kindes, wobei pädagogische

[17] vgl. Abschnitte 4.2 Kommunikation und 4.3 Gedenkfeier und Bestattung
[18] vgl. Abschnitt 4.4: Verbindende Orte und Leben mit Erinnerungen

Fachkräfte dem Kind in seiner Sprache begegnen müssen. Mit Hilfe des Spiels gelingt es dem Kind, in der Gegenwart – im Hier und Jetzt – seine in der Vergangenheit gemachten Erfahrungen zu inszenieren und zukunftsweisendes Probehandeln vorzunehmen. Auch ist es dem Kind durch das Spiel leichter möglich, zu reden und fragen zu stellen bzw. Antworten und Informationen anzunehmen. Insgesamt gesehen wirkt das kindliche Spiel äußerst spannungsregulierend, was in Zeiten der Trauer zusätzlich von großem Nutzen ist.

Laut Sabine Weinberger können neben dem Freien Spiel und in den zuvor erläuterten Möglichkeiten folgende differenzierte Spielformen für ein trauerndes Kind empfohlen werden (Weinberger, 2001):

- **Szenenspiel**: Nachgestalten der kindlichen Welt mit Hilfe von Spielfiguren, die Menschen, Tiere, Pflanzen und Gegenstände - gegebenenfalls auch verstorbene Personen und den Tod - im Kleinformat abbilden (z.B. *Playmobil*, *Lego*, *Schleich*- oder Holz-Tiere). Im szenischen Spiel ist es möglich, Situationen vor oder nach dem Tod der geliebten Person nachzustellen oder nachzuspielen und Lösungsstrategien zu erarbeiten (Suchprozess > Aufbauprozess > Spielprozess)
- **Puppenspiel**: Puppen haben für Kinder einen hohen Aufforderungscharakter. Sie nehmen durch Puppen Kontakt zu sich selbst, zu Teilen von sich und zu anderen Personen auf. Puppen haben verschiedene Ausdrucks und Wirkungsmöglichkeiten (große Puppenfiguren, Hand- und Kasperlepuppen, Marionetten, Fingerpuppen, Puppenhaus, selbst erstellte Puppen). In erster Linie wird kommunikatives Verhalten aufgebaut, der Selbstausdruck gefför-

dert, am Selbstwert gearbeitet und Problemlösungen aufgebaut.

- **Rollenspiel**: Kinder übernehmen beim Rollenspiel fiktive Figuren bzw. Charaktere. Sie verwenden dabei die eigene Fantasie und die der Mitspieler und benutzen Regeln, die das Spiel strukturieren und eingrenzen. Sollte ein Kind das Bedürfnis haben, in die Rolle der verstorbenen Person „hineinzuschlüpfen", ist Vorsicht geboten, dass sie sich nicht zu sehr mit der Rolle identifiziert.
- **Bauen und Konstruieren**: Diese Tätigkeit bedarf einer hohen Konzentration und einem gewissen Maß an innerer Ruhe. Hier spielen die Balance und die statische Sicherheit einerseits und das Erschaffen andererseits die beiden wichtigsten Rollen. In der Zeit einer akuten Trauer können sich viele Kinder noch nicht gleich auf diese Tätigkeit einlassen.

4.8 Religiöser Glauben

Bereits bei der Suche nach Antworten auf kindliche Fragen zu Sterben und Tod, in denen Begrifflichkeiten wie *Himmel* und *Hölle*, *Engel*, *Seele* und *Auferstehung* inbegriffen sind, kommt man selbst ohne religiöse Zugehörigkeit mit dem Glauben in Berührung. Wächst ein aktuell trauerndes Kind mit einem religiösen Glauben auf, so ist es für pädagogische Fachkräfte umso wichtiger, sich in der jeweiligen Religion auszukennen, den Halt aus dem Glauben zu stärken und religiöse Antworten zu bekräftigen. Anders herum kann es im Einvernehmen mit den Eltern auch günstig sein, wenn eine gläubige pädagogische Fachkraft (insbesondere in religiösen Kindertageseinrichtungen) dem trauernden Kind ihre religiöse Sichtweise mitteilt und die kindlichen Perspektiven dadurch erweitert.

Handelt es sich um den evangelischen Glauben des Kindes bzw. der Einrichtung, so ist die religionspädagogische Arbeitshilfe „*Das Sterben ins Leben holen. Kinder beim Trauern begleiten.*“ (Pisarski 1997) für Pädagogen/innen zu empfehlen. Die Autoren geben eine Fülle von konkreten Anregungen wie Kinder beim Trauern einfühl- sam begleitet werden können, so dass sie den Weg finden, den Tod nicht hinzunehmen, sondern anzunehmen. (Spölgen J. &., 1996)

Für Kinder kann der Glauben eine große Stütze sein. Insbesondere der Glaube an die Auferstehung der Toten ist vielen Kindern eine hilfreiche und fassbare Vorstellung. Durch folgende Aktivitäten kann der Glaube in den Trauer- und Verarbeitungsprozess erfolgreich eingebunden werden:

- ✦ **Gemeinsame Gebete und Fürbitten**[19]
- ✦ **Gemeinsame Kirchgänge und Gottesdienstbesuche**
- ✦ **Kirchliche Lieder und Gedichte**

4.9 Entspannung und Imagination

In Zeiten der Trauer sind Phasen von Ruhe und Entspannung für die gesunde kindliche Entwicklung *noch wichtiger* als im Alltag des Kindes. Grund dafür ist die immense Anstrengung bei der Trauerarbeit, die sowohl geistig-seelischer als auch körperlicher Art ist. Doch was kann man als pädagogische Fachkraft tun, wenn ein trauerndes Kind voll Emotionen ist und durch eine Gedankenflut nicht von allein zur notwenigen Ruhe kommt? In diesem Fall muss ihm geholfen werden und es behutsam in eine beruhigte Verfassung übergeleitet werden.

Folgende Anregungen seien dazu gegeben:

- ✦ **Imaginationsübungen/Phantasiereisen**: Der Erfolg dieser Übungen wird vor allem dadurch deutlich, dass sie

[19] Anregungen siehe www.gebetbuch.com (Kindergebete, Fürbitten)

bereits seit ca. zwanzig Jahren in der Traumatherapie angewandt werden und bei den Betroffenen vielfach zu Linderung und Heilung ihrer Symptomatik führten. Präventiv werden Imaginationsübungen zur Entspannung und Weiterentwicklung eingesetzt. (Reddemann, 2001)

Sich in Phantasiereisen davontragen zu lassen, ist Kindern etwas sehr Vertrautes, da diese Fähigkeit zum Tagträumen in jedem Kind vorhanden ist. Die Geschichten können ihnen vorgelesen, in eigenen Worten erzählt und auch von dem Kind weiter ausgestaltet werden[20]. Bei unruhigen Kindern können anfangs auch Bewegungen eingebaut werden, z.B. indem ein kleiner Löwe erst herumspringt, später müde wird, sich hinlegt und träumt. (Weinberger, 2001)

- **Das innere, noch kleinere Kind/ Die inneren Helfer:** Großen Halt und ein inneres Gleichgewicht kann im Kind erzeugt werden, indem durch Erinnerung und Vorstellungsübungen an das frühere, noch kleinere Kind oder an die starken inneren Helfer früherer Jahre gedacht wird. Dabei ist es wichtig, die positiven Eigenschaften hervorzuholen und diese im Jetzt und Hier bei Problemen wirken zu lassen. (Huber, 2010)
- **Träume**: Träume von Verstorbenen können von tröstender Wirkung sein, denn sie zeigen dem Kind, dass es eine Erlebniswelt in seinem Inneren gibt, wo die Grenzen der Realität aufgehoben sind, wo alles möglich ist. Im Traum geschieht die Metamorphose des Todes. (Ennulat, 2012)

Träume können zwar nicht bewusst herbei geführt werden, doch ist es möglich, ihnen am Tage einen höheren Stellenwert zuzuweisen, so dass sie ihre Wirkung entfalten können.

[20] vgl. Anhang 6: Imaginationsbeispiel

4.10 Musik und Bewegung

→ Musik

Mit Hilfe von Musik entsteht ein ganz eigener, wertfreier Raum, in dem Nähe und Vertrauen geschaffen werden und der ganz ohne Worte auskommt. Mit Musik kommen pädagogische Fachkräfte dem vorsprachlichen Selbst des Kindes in Berührung und mit den Gefühlen des Kindes in Kontakt. Der Einsatz von Musik eignet sich besonders, wenn ein Kind nicht über Worte zu erreichen ist und sich beispielsweise die Ohren zu hält. (Weinberger, 2001)

- **Musik hören**: Bei der Musikauswahl sollte auf die Stimmung des Kindes geachtet werden. Am meisten eignen sich melodisch und rhythmisch abwechslungsreiche Stücke (z.B. reine Instrumentalstücke der Filmmusik, afrikanische Trommelstücke, afroamerikanische Musik wie mitreißender Gospel)
- **Eigenes Musizieren**: Mittels einfacher Musikinstrumente kann ein Kind in seinem „Ausdruck“ sowie seinen Gefühlen gehört werden, was sich im Zusammenspiel mit Pädagogen/innen widerspiegelt. Das Kind kann Stimmungen musizierend ausprobieren und durch eine „stimmige“ Begleitung positiv verändern.
- **Singen**: Kinder mit starken Emotionen können in Ergänzung zum Musikhören bzw. eigenem Musizieren auch durch das Singen Erleichterung erfahren. Im Gegensatz zum ungerichteten lauten Schreien kann temperamentvolles und lautes Singen zu Musik positiv nachschwingen und bis zu einem rauschartigen positiven Zustand führen.

→ Bewegung

Trauernde Kinder brauchen viele Gelegenheiten, sich zu spüren. Über die Bewegungserfahrung kommt das Kind mit sich selbst in Kontakt, sodass Körperbewusstsein und das Selbsterleben gefördert werden. Die Wahrnehmung von Körperhaltung und von Organtätigkeit wie das Herzklopfen, die kühlende Schweißbildung auf der Haut oder die Muskelanspannung und –entspannung ermöglicht die Auseinandersetzung mit eigenen Stärken und Schwächen.

Bewegung kann als sehr wirkungsvolle Medizin gegen einen pathologischen Verlauf von Trauer angesehen werden. Grund dafür ist, dass Bewegung aus einer Resignation führt, denn erst durch Bewegung wird der menschliche Wille wirksam. Wenn das Kind etwas *will*, *muss* es sich in Bewegung setzen. Ohne Bewegung bleibt das Gewollte – in diesem Fall die Verarbeitung der Trauer – im Bereich des Wunsches.

→ Bewegung zu Musik: Tanzen

Verstorbene tanzend zu betrauern, ist zumindest in unseren Breitengraden nicht gerade üblich. Der Kontrast zwischen der Ernsthaftigkeit des Todes und der Freude am Tanzen scheint vielen unüberwindbar. Dem gegenüber stehen große Erfolge der Tanztherapie, die in einigen großen Städten und psychosomatischen Kliniken als kulturstiftendes Angebot, als pädagogische Präventivmaßnahme bzw. als heilende Handlung bei pathologischen Trauerverläufen angeboten werden. Als Ziele des Tanzens seien hier folgende erwähnt:

- Leiblichkeit fördern
- Erstarrung erforschen
- Emotionen freisetzen
- Verbundenheit erfahrbar machen
- Eintauchen in den Fluss der Zeit
- Konfrontation mit dem Tod
  (Lentz, 2011)

Nachstehend werden Anreize zum Tanzen in Zeiten der Trauer genannt:

- **Das frei gewählte und improvisierte Tanzen** fördert die Erfahrung von Selbstbestimmung und individuellen Ausdrucksmöglichkeiten sowie die Verarbeitung von Gefühlen (Angst, Hemmungen, Wut, Enttäuschung, Neid). Dies kann losgelöst von Regeln, in Begleitung von anderen Kindern und Pädagogen/innen oder ganz allein ausprobiert werden. Hilfreich sind die Auswahl geeigneter Musik und, bei einem Tanzen in der Gruppe, das Einstreuen spontaner Rollen- und Tanzvorschläge.
- **Eurythmie** bedeutet in der Übersetzung aus dem Griechischen: schöner, wahrer Rhythmus und ist eine verhältnismäßig wenig bekannte Bewegungskunst. Die Eurythmie soll als „sichtbare Sprache" verstanden werden, indem sich die Arme und Beine als Sprachorgan verwandeln. Der Rhythmus entsteht in der Eurythmie dort, wo Gegensätze aufeinander treffen und ihre Vermittlung suchen (z.B. Leben und Tod). Die Eurythmie findet beispielsweise in Waldorfkindergärten und –schulen regelmäßige Anwendung, in anthroposophischen Praxen und Kliniken die Heileurythmie ihre individuelle Verwendung. (Steiner & Compani, 2003)
- **Tanztherapie**: Eine tanztherapeutische Trauerbegleitung kann unter Voraussetzung geschulter Tanzlehrer/innen niederschwellig in angebotenen Tanzkursen für Kinder erfolgen. Darüber hinaus gibt es psychosomatische Kuren für Kinder, die bei der Trauerarbeit durch tanztherapeutische Angebote unterstützen oder Wochenendseminare für ganze Familien.

→ Bewegung nach „Spielregeln“: Sport

Sport ist für viele Erwachsene und Kinder eine Art Ventil, um Frustration abzubauen und „den Kopf frei zu kriegen“. Insbesondere in Zeiten von Trauer fühlt sich Sport aus diesem Grund erst einmal positiv an, da sich die Konzentration auf die körperliche Bewegung richtet und das meist starke seelisch-geistige Erleben zeitweise in den Hintergrund rückt. Werden beim Sporttreiben die inneren Signale wahrgenommen und Sport nicht bis zur völligen Erschöpfung betrieben, hat er durchaus erleichternde und heilende Wirkung. Kritisch wird das Sporttreiben erst dann, wenn das für den kindlichen Körper gesunde Maß an sportlicher Betätigung überschritten wird. Aus Sicht von Pädagogen/innen (Hinderer, 2005) und Therapeuten/innen (Weinberger, 2001) gelten folgende zwei Empfehlungen:

- ✦ **Austoben:** Pädagogische Fachkräfte sollten das zeitweise Austoben des trauernden Kindes in jedem Fall unterstützen und in die richtigen Bahnen lenken. Spontane sportliche Aktivitäten können beispielsweise eine Kissenschlacht, das Wasser-Spritzen am Planschbecken, ein schnelles Fangspiel, Pfützenspringen, Purzelbäume oder wildes Ball-Kicken sein.
- ✦ **Training asiatischer Kampfkunst:** Diese Kampfkünste verfolgen einen Schulungsweg, indem über die Ausübung bestimmter Bewegungsformen und –techniken (mit dem Ziel größtmöglicher Perfektion) ein seelisch-geistiger Zustand innerer Ausgeglichenheit und Zufriedenheit erreicht werden soll. Trauernde Kinder, die mindestens drei Jahre alt sind und einen inneren Zugang zu asiatischen Kampfkünsten haben, können durch dieses Training in ihrer Freizeit zu einem ungemein hohen Selbstwert- und Sicherheitsgefühl gelangen.

4.11 Alltagshelfer

Zusätzlich zu den bereits genannten Bewältigungsstrategien sollen abschließend eher klein erscheinende Alltagshelfer zur Sprache kommen, die dennoch eine überaus große positive Wirkung haben können:

- **Übergangsobjekt:** Für Kinder bis zum Vorschulalter (ggf. auch darüber hinaus) sind Tiere oder Gegenstände wichtige Halt gebende Übergangsobjekte, wenn sie Trennungssituationen ausgeliefert sind. Die Liebe der verstorbenen Person wird dann auf den Teddy, das Kuscheltier, die Schlummerdecke o.ä. übertragen und bleibt dem Kind in schmerzlichen Situationen greifbar. Neben der Erleichterung der Trauerarbeit ermöglicht ein Übergangsobjekt auch eine positive Identifizierung mit dem Verstorbenen und den Aufbau eines bleibenden inneren Erinnerungsbildes. Es ist daher wichtig, Kindern Übergangsobjekte zu bieten und zu achten. (Enders, 2002)
- **Gemeinsames Kochen:** Mit Kindern zu kochen, kann auch in Zeiten von Trauer für Kinder wie Pädagogen/innen eine sehr wohltuende und sinnliche Erfahrung sein (sehen, riechen, schmecken, tasten, spüren). Auch hier entsteht eine sehr enge Verbindung über das Schaffen, es bewirkt Freude an dem Produkt, das man sich im wahrsten Sinne des Wortes einverleiben kann. (Weinberger, 2011)
- **Humor:** In der Trauer ist zeitweiliges Lachen wie Balsam für die Seele eines Jeden. Häufig scheuen sich jedoch trauernde Menschen zu lachen, da sie befürchten, ihr Umfeld würde sie in ihren trauernden Gefühlen verkennen und ihnen direkt oder hinter dem Rücken fehlendes Feingefühl vorwerfen. Doch Lachen ist heilend. Kleine Kinder können sich mit größtem Vergnügen die abenteu-

erlichsten Sachen vorstellen z.B. sprechende Socken, pupsende Drachen, faule Ameisenfamilien u.ä., während ältere Kinder eine große Begeisterung für Witze entwickeln. In diesem Sinne sollten Kinder durchaus zum Lachen angeregt und in ihrem Sinn für Humor bestätigt werden.

- **Wortspiele:** Reime, Wortspiele, Unsinnsworte oder magische Worte üben auf Kinder eine große Faszination aus. So lassen sie sich z.B. bei Ängsten gern auf Mutmachreime ein und nutzen „geheime Worte" für Verabredungen bzw. „Zauberworte" zum eigenen Erleichtern.
- **Zaubern:** Das geheimnisvolle Spiel – das Zaubern – hat für Kinder häufig eine magische Wirkung. Insbesondere in trauriger Stimmung können altersgerechte Zauberspiele auch das kindliche Gemüt verzaubern. Das Kind erlebt, dass es Macht über Dinge hat und es etwas kann, was eigentlich nicht möglich ist.

4.12 Professionelle Unterstützung

Trauer ist bereits der Weg der Heilung in ein eigenes, wenn auch verändertes, neues Leben ohne den geliebten Menschen. Wenn die zur Trauer gehörenden Gefühle nicht ausgedrückt werden können oder dürfen, kann sich die Trauer pathologisch entwickeln und zu Depressionen und anderen Krankheiten führen (Hinderer, 2005). Dabei ist zu beachten, dass die Selbstheilungskräfte der kindlichen Seele sich nicht automatisch entfalten. Das Kind hat keinen Knopf, der das entsprechende seelische Bearbeitungsprogramm in Gang setzt. So kann ein Kind auch bei einer guten Beziehung zum Erwachsenen in Not geraten, aus der es mit herkömmlicher Hilfe nicht mehr herausfindet. (Ennulat, 2003)

Bei Anzeichen wie anhaltenden

- körperlichen Beschwerden,

- Schlafstörungen,
- Essstörungen,
- problematischem Sozialverhalten und/ oder
- Resignation

ist der Zeitpunkt erreicht, an dem fachliche Hilfe für das Kind benötigt wird, damit es wieder zu einem erfüllten Leben findet. Professionelle Unterstützung für ein Kind sind folgende Angebote:

- ✦ **Kinderpsychotherapie:** Das Kind betreuende pädagogischen Fachkräfte sollten es unbedingt vermeiden, den Eltern für ihr Kind eine Therapie zu empfehlen. Besser sind Formulierungen über beobachtetes Verhalten des Kindes, das den Pädagogen/innen Sorgen macht. Für eine Therapie bedarf es einer Überweisung des/der Kinderarztes/- ärztin, eines/r erfahrenen und erreichbaren Kinderpsychotherapeuten/-in und anschließend die Bewilligung einer begrenzten Anzahl von Therapiestunden von der Krankenkasse.
- ✦ **Kindertrauergruppe:** In größeren Städten bestehen im Rahmen von Selbsthilfegruppen auch Trauergruppen für Kinder. Die Teilnahme daran ermöglicht es dem trauernden Kind, ein Verständnis darüber zu entwickeln, dass auch andere Kinder von Trauer betroffen sind und sie sich gegenseitig austauschen und gegebenenfalls unterstützen können.
- ✦ **Psychosomatische Kur:** Im Rahmen der Rehabilitation existiert eine Vielzahl an Kurkliniken, die sich u.a. mit der Aufarbeitung von Trauerfällen beschäftigen. Bei kleineren Kindern bieten sich vor allem Mutter-Kind-Kurkliniken an, wobei auch Väter die Kinder begleiten können. Eine Kur bedarf einem Antrag des/der Kinderarztes/-ärztin und die Bewilligung der Krankenkasse.

- **Kinderpsychiatrie**: Im Akutfall, insbesondere bei Suizidgefahr, ist über den/die Kinderarzt/in eine Einweisung in die Klinik notwendig. Handelt es sich um einen Trauerfall der Einrichtung, da ein Kind oder ein/e Mitarbeiter/in gestorben ist, ist eine professionelle Begleitung der gesamten Einrichtung anzuraten:
- **Supervision als Inhouse-Seminar:** Dabei kann der Fokus des Supervisors auf ein gestorbenes Kind gerichtet sein (Fall-Supervision) und erarbeitet werden, wie die Professionalität zu Gunsten des betroffenen Kindes verbessert werden kann. Bei einer Team-Supervision steht das gesamte Team im Blick des außenstehenden Supervisors.

Plädoyer

Liebe Erzieher/innen und Tagesmütter/väter!

Haben Sie Mut und Herz! Nehmen Sie kleine wie auch große Kinder, die von Trauer ergriffen sind, in ihrem ganzen Wesen und allen Facetten der Gefühlszustände wahr und leisten Sie Beziehungsarbeit mit Leib und Seele. Ergänzen Sie diese Grundeinstellung mit dem Wissen um die noch neuartige Herangehensweise in der Trauerarbeit, nicht das Loslassen in den Fokus zu nehmen, sondern das Weiterl(i)eben und Bewahren. Auf diese Weise können Sie ein trauerndes Kind begleiten und in Ergänzung zum familiären Umfeld durch individuell ausgewählte Bewältigungsmethoden unterstützen. Sie können sich sicher sein, diese Grundhaltung entspricht dem neuesten Stand der Wissenschaft und wird Ihnen nachhaltig im Umgang mit trauernden Kindern von Nutzen sein.

Ich wünsche Ihnen alles Gute! Dörte Joost

Ein geliebter Mensch

Von Katja Trümper

Du kannst Tränen vergießen, weil er gegangen ist oder du kannst lächeln, weil er gelebt hat.

Du kannst deine Augen verschließen und beten, dass er zurückkommen wird oder du kannst deine Augen öffnen und sehen, was von ihm geblieben ist.

Dein Herz kann leer sein, weil du ihn nicht mehr bei dir haben kannst oder es ist voll von Liebe, die er mit dir geteilt hat.

Du kannst dem Morgen den Rücken zudrehen und im Gestern leben oder du kannst dankbar für das Morgen sein, gerade weil es das Gestern gab.

Du kannst immer nur daran denken, dass er nicht mehr da ist oder du kannst die Erinnerung an ihn pflegen und ihn in dir weiterleben lassen.

Du kannst weinen und deinen Geist verschließen, leer sein und dich Abwenden oder du kannst tun, was er sich für dich wünschen würde:

Lächeln, die Augen öffnen, lieben und weitermachen!

Anhang 1: Der ressourcenorientierte Blick auf das Kind

Aus: Hinderer, P. & Kroth, M. (2005): *Kinder bei Tod und Trauer begleiten. Konkrete Hilfestellung in Trauersituationen für Kindergarten, Grundschule und zu Hause* (S. 57). Münster: Ökotopia Verlag

Defizitorientierter Blick	Ressourcenorientierter Blick
Das Kind kann sich nicht mehr so gut konzentrieren.	Es ist erstaunlich, dass das Kind sich trotz des Verlustes eine Weile konzentrieren kann und sich von etwas fesseln lässt.
Das Kind fällt in der Leistung ab.	Gut, dass das Kind die Leistung nicht ganz verweigert. Das bedeutet, dass es seine Kraft sowohl für die seelische Verarbeitung als auch für Tagespflege/ Kita/ Schule nutzt
Das Kind ist oft wütend.	Wut – im Gegensatz zu Aggressionen – kann durchaus positiv interpretiert werden, weil sie in überforderten Situationen Grenzen setzt. Schauen Sie, was der Auslöser für die Wut des Kindes ist und versuchen Sie die Überforderung dahinter herauszulesen. Helfen Sie dem Kind, die Grenzen, die es jetzt braucht, neu zu finden.

Das Kind zieht sich oft zurück.	Rückzug kann die Fähigkeit sein, sich mitten im Tumult einen Raum für sich selbst zu schaffen.
Das Kind spielt nicht mehr mit seinem Freund/ seiner Freundin.	Das Gefühl, beispielsweise den Vater verloren zu haben, wenn die Freundin ihn noch hat, ist sehr trennend. Drängen Sie das Kind nicht, mit seinen alten Freunden zu spielen, wenn es das offensichtlich nicht möchte. Unterstützen Sie, wenn möglich, die Freundin mit der Erklärung, dass das betroffene Kind einfach gerade mit sich selbst beschäftigt ist.

Anhang 2: Zehn „Erlaubnisse“ für Kinder, die trauern

Aus: Kachler, R. (2007): *Wie ist das mit … der Trauer*, Stuttgart: Gabriel Verlag

1. Du darfst so traurig sein, wie dir zumute ist. Manchmal ist das Gefühl, traurig zu sein, ganz stark, manchmal weniger stark. Auf jeden Fall ist deine Trauer ein ganz normales Gefühl.
2. Du darfst in deinem Schmerz weinen, schluchzen, schreien, stöhnen oder seufzen! Du darfst aber auch leise und still traurig sein. Oft tut es gut, die Trauer auszudrücken. Manchmal ist es aber auch gut, still für sich zu trauern. Du brauchst dich für nichts beim Trauern zu schämen!
3. Du darfst dich auch zurückziehen und dich verkriechen. Deshalb darfst du auch schweigen und nichts sagen.
4. Du darfst Angst haben. Oft haben wir Angst, dass wir noch einen anderen wichtigen Menschen verlieren könnten. Es tut dann gut, anderen von dieser Angst zu erzählen. Sie werden dich nicht auslachen. Sie werden dich an sich drücken und dich festhalten.
5. Du darfst auch richtig wütend sein. Auch Wut gehört zur Trauer. Du merkst dann, dass es noch andere Gefühle als das Traurigsein gibt.
6. Du darfst den verstorbenen Menschen weiter lieben. Deshalb darfst du mit ihm reden, du darfst dich ihm nahe fühlen und dich immer wieder an ihn erinnern.
7. Du darfst dir auf deine Weise vorstellen, wo der Verstorbene jetzt ist und wie er für dich weiterlebt. Wichtig ist allein, dass deine Ideen für dich stimmen und dass sie dir

helfen, mit dem Tod deines Angehörigen zurechtzukommen.

8. Du darfst mit anderen, am besten mit deinen Eltern, deinen Freunden, deinen Erziehern/innen und Lehrer/innen alles bereden. Du kannst alles fragen und alles sagen! Alle Gefühle und Fragen sind richtig.
9. Du darfst alle Dinge wieder tun, die du auch vor dem Tod deines Angehörigen gemacht hast. Du darfst also wieder ganz normal leben, in die Kita, zur Tagesmutter bzw. in die Schule gehen, mit deinen Freunden etwas unternehmen und deinen Hobbys nachgehen.
10. Du darfst auch wieder lachen, wenn dir danach ist. Du darfst dich wieder am Leben freuen, fröhlich sein und Blödsinn machen. Wenn du da unsicher bist, kannst du dich fragen, was sich der Verstorbene wünschen würde. Er würde dir wünschen, dass du fröhlich wirst, wenn du es wieder möchtest.

Anhang 3: Acht Grundprinzipien der Spiel-Therapie nach Axline*

Aus: Weinberger, S. (2007): Kindern spielend helfen. Eine personzentrierte Lern- und Praxisanleitung. Weinheim und München: Juventa Verlag

1. **Prinzip der vollständigen Annahme**
   Der Trauerbegleiter nimmt das Kind ganz so an, wie es ist.
2. **Prinzip der Gestaltung der Beziehung**
   Der Trauerbegleiter nimmt eine warme und freundliche Beziehung zum Kind auf, die sobald wie möglich zu einem guten Kontakt führt.
3. **Prinzip der Herstellung eines Klimas des Gewährenlassens**
   Der Trauerbegleiter gründet seine Beziehung zum Kind auf einer Atmosphäre des Gewährenlassens, sodass sich das Kind frei fühlt, alle seine Gefühle uneingeschränkt auszudrücken.
4. **Prinzip der Achtung vor dem Kind**
   Der Trauerbegleiter achtet die Fähigkeit des Kindes, mit seinen Schwierigkeiten selbst fertig zu werden, wenn man dem Kind die Gelegenheit dazu gibt.
5. **Prinzip der Wegweisung durch das Kind**
   Das Kind weist den Weg und der Trauerbegleiter folgt ihm. Er versucht nicht, die Handlungen der Gespräche des Kindes zu beeinflussen.
6. **Prinzip des Erkennens und Reflektierens von Gefühlen**
   Der Trauerbegleiter ist wachsam in Bezug auf die Gefühle, die das Kind ausdrücken möchte. Er versucht, sie zu erkennen und so zu reflektieren, dass das Kind Einsichten gewinnt.

7. **Prinzip der Nicht-Beschleunigung**
   Der Trauerbegleiter versucht nicht, den Gang zu beschleunigen, sondern akzeptiert, dass der Weg langsam Schritt für Schritt gegangen werden muss.

8. **Prinzip des Begrenzens**
   Der Trauerbegleiter setzt nur Grenzen, wenn diese notwendig sind. Dabei spielt die Mitverantwortung des Kindes eine entscheidende Rolle.

* Hier wurde die Bezeichnung „Therapeut“ mit „Trauerbegleiter“ ersetzt, da die Grundprinzipien in der Trauerbegleitung uneingeschränkt Gültigkeit besitzen.

Anhang 4: Kommunikationsbeispiele

Angelehnt an: Ennulat, G. (2012): *Kinder trauern anders* (S. 150-157). Freiburg im Breisgau: Verlag Herder

- **Warum musste er/sie sterben?**
  Kinder brauchen konkrete Informationen über die Todesursachen.
  → *Du möchtest wissen, warum er/ sie gestorben ist. Es ist gut, dass wir miteinander darüber sprechen …*
- **Warum durfte ich mich nicht verabschieden?**
  Können Kinder in der Sterbestunde nicht Abschied nehmen, fühlen sie sich oft ausgeschlossen und leiten Schuld mit dazugehöriger Strafe daraus ab.
  →*Ja, es stimmt, du konntest dich nicht verabschieden. Das macht dich traurig und vielleicht denkst du auch, wir hätten dich nicht dabei haben wollen …*
- **Jemand hat gesagt: „Sie schläft nur." – „Sie ist eingeschlafen." Warum wacht sie dann nicht mehr auf?**
  Die Gleichsetzung von Tod und Schlaf verunsichert Kinder. Derartige Formulierungen können Schlafschwierigkeiten bei dem Kind bewirken.
  → *Du hast Recht, wenn sie nur schläft, dann müsste sie ja wieder aufwachen. Aber wer tot ist, der wacht nicht mehr auf*
- **Jemand hat gesagt: „Gott hat ihn gewollt." Weiß er denn nicht, dass ich ihn auch will?**
  Es verunsichert Kinder, dass Gott als Herrscher über Leben und Tod einerseits das Liebste nimmt und es ihm andererseits vertrauen soll.
  → *Wie geht es dir, wenn jemand so etwas zu dir sagt? …*
- **Warum sterben Babys?**
  Auch hier ist es wichtig, dem Kind die medizinische

Ursache zu nennen. Manchmal ist es hilfreich, die Frage an das Kind zurückzugeben.
→ *Was meinst du? …*

- **Wo ist sie jetzt? Was kommt nach dem Tod?**
  Diese Frage stellen Kinder sehr oft. Sie wollen konkrete Angaben über den Ort, wo die Verstorbenen verbleiben. Erwachsene sollten sehr vorsichtig beim Ausmalen von Paradieswelten sein und das Kind auf die innere Suchreise schicken.
  → *Du willst wissen, wo sie noch ist außer auf dem Friedhof. Ihr Körper liegt unter der Erde, aber du spürst, das ist nicht alles …"*

- **Was ist die Seele?**
  Kinder übernehmen gern Aussagen von der Seele, sie mögen ihre geheimnisvolle Leichtigkeit. Doch irgendwann wollen sie genauere Angaben. An dieser Stelle ist es hilfreich, sie nicht durch vorwegnehmende Antworten zu beruhigen, sondern sie zum Malen ihrer Vorstellungen von der Seele zu animieren.

- **Ist er jetzt ein Geist?**
  Diese Vorstellung rührt meistens aus Filmen und beängstigt Kinder. Hier sollten Erwachsene gut zuhören.
  → *Dich beschäftigt, was mit dem Verstorbenen ist. Macht er dir Angst? …*

- **Kommt sie jetzt in den Himmel?**
  Besonders kleine Kinder haben großen Spaß daran, sich viele Himmelsvarianten auszumalen. Auch bei dieser Frage geht es um den neuen Ort des Verstorbenen.
  → *Du suchst einen Platz für …?*

- **Wer kommt in die Hölle?**
  Da Kinder ihre Welt in gut-böse einteilen, übernehmen sie

schnell das Denkmuster von Himmel und Hölle. Da das Wort Hölle ist in unserem Sprachgebrauch äußerst negativ besetzt und macht es Kindern Angst.

→ *Als ich klein war, da habe ich immer gedacht, ich komme in die Hölle, wenn ich etwas angestellt hatte. Und was denkst du? …*

- **Ist Gott böse auf sie, weil sie nie in die Kirche gegangen ist?**

  Auch diese Frage berührt vergangene Wertvorstellungen. Das Kind verwendet die Richtergestalt Gottes und will wissen, welche Vorleistungen zu erbringen sind, um als gut zu gelten.

  → *Und wie ist es mit dir? Möchtest du gern mal zur Kirche gehen? …*

- **Ist sie gestorben, weil ich böse war?**

  Wenn diese Frage auftaucht, löst sie vorhandene Schuldgefühle auf. Es ist sehr befreiend, wenn ein Kind so fragen kann.

  → *Du willst wissen, ob du schuld bist? Erzähl mal, wie das war, als du böse warst …*

- **Bin ich jetzt nur noch traurig?**

  Das Kind erfährt seine Trauer als Belastung und weist auf ein Ungleichgewicht seiner Gefühle hin. Es hat Angst, es könnte immer so bleiben. Hilfreich ist die Zusage der Erwachsenen, dass die Trauer vorübergehen wird.

  → *Vielleicht ist es an der Zeit, dass wir gemeinsam etwas tun, was dir Freude bereitet. Hast du eine Idee? …*

- **Warum muss ich immer an ihn denken?**

  Auch diese Frage weist auf Veränderungen in seinem Inneren hin. Wichtig ist es, dem Kind zu sagen, dass dies natürlich ist, wenn jemand für ihn sehr Wichtiges gestorben ist.

→ *Möchtest du manchmal gern deine Gedanken ausschalten? …*

- **Bin ich böse, weil ich manchmal froh bin, dass sie tot ist?**
  Mit dieser Frage rührt das Kind an eine ungeschriebene Norm der Trauergefühle. Trauer ist aber ein sehr dichtes Gefühl und es ist nicht abwegig, über den Tod eines Menschen erleichtert und froh zu sein.
  → *Du merkst, dass es leichter geworden ist, seit sie tot ist.*

- **Heute habe ich gedacht, ich hätte ihn gesehen.**
  Der Verstorbene hat zwar in der Außenwelt seinen Platz räumen müssen, aber nicht im Inneren. Da bei Kindern Innen- und Außenwelt stärker als bei Erwachsenen ineinander übergehen, kann es sein, dass einem Kind für einen kurzen Moment die verstorbene Person erscheint. Es ist gut, wenn Kinder sich darüber unterhalten können, da sie schnell an ihrem Verstand zweifeln.
  → *Erzähl mir doch einfach, wo du ihn gesehen hast …*

- **Warum denke ich immer noch, er sei nicht tot?**
  Kinder sind sehr treu. Sie brauchen die lebendige Verbindung zu dem Verstorbenen.
  → *Du hast ihn sehr lieb gehabt. Und jetzt ist er nicht mehr da. Wie geht es dir denn damit? …*

- **Was soll ich sagen, wenn mich jemand fragt, wie es mir geht?**
  Die anfängliche, vermehrte Aufmerksamkeit des Umfeldes macht Kinder häufig unsicher. Sie wollen bloß nicht auffallen. Sie sind innerlich hin und hergerissen: auf der einen Seite haben sie etwas sehr Trauriges erlebt, auf der

anderen Seite wünschen sie sich Normalität.
→ *Auf einmal wollen die Nachbarn wissen, wie es dir geht. Ja, wie geht es dir eigentlich? …*

- **Warum tun meine Freunde so, als ob nichts geschehen wäre?**
  Der Todesfall verändert ein Kind, was für seine Freunde schwer einschätzbar ist. Aus Unsicherheit zur Tagesordnung überzugehen, tut dem trauernden Kind aber weh. Es wächst in eine neue Rolle hinein und wartet auf die Bestätigung durch die anderen.
  → *Wie geht es dir damit? Vielleicht nimmst du sie mal mit auf den Friedhof.*

Anhang 5: Kinderbuchempfehlungen und Märchenliste

Die Empfehlungen beruhen auf einer ausführlichen Recherche, Sichtung und persönlicher Einschätzung. Die Listung erfolgt nicht alphabetisch, sondern nach Altersempfehlung und thematisch.

Velthuijs, Max (1998):
„Was ist das"? fragt der Frosch.
Aarau/ Frankfurt a.M./Salzburg: Verlag Sauerländer

Bilderbuchgeschichte ab 3 Jahre
Es handelt sich um eine Tiergeschichte von einem Frosch, der eine tote Amsel findet und sie zusammen mit seinen Freunden begräbt.
→ Dankbarkeit, Trost, Freude mit Freunden
→ farbenfroh, einfach strukturiert, kindgemäße Erklärungen

Abedi, Isabel & Cordes, Miriam (2006).
Abschied von Opa Elefant. Hamburg: Ellermann Verlag

Bilderbuchgeschichte ab 3 bis 5 Jahre
Opa Elefant verabschiedet sich bei seinen Enkelkindern, die viele Fragen an ihn richten und der Opa sie beantwortet.
→ Abschied, Alter, offene Todesvorstellungen, Erinnerung
→ weiche Zeichnungen, einfühlsam, ehrlich, dezent humorvoll

Varley, Susan (1984).
Leb wohl lieber Dachs. Berlin/ Wien: Betz

Bilderbuchgeschichte ab 3 bis 6 Jahre
Der alte, hilfsbereite Dachs verabschiedet sich von seinen Freunden. Nach seinem Tod und der damit verbundenen Traurigkeit finden diese nach dem Winter wieder in ihr fröhliches Leben zurück.
→ Freundschaft, Alter, Dankbarkeit, Abschied, Erinnern
→ liebevoll, tröstlich, zarte und warme Bilder , Tod als Übergang

---

Weigelt, Udo & Kadmon, Cristina (2003):
Der alte Bär muss Abschied nehmen.
Zürich/Hamburg: Nord Süd V.

Bilderbuchgeschichte ab 3 bis 6 Jahre
Der alte Bär verabschiedet sich von seinen Freunden, wobei der kleine Fuchs noch viele Fragen hat. Am Ende stirbt der Bär und ein junger Bär auf Wanderschaft sucht ein neues zu Hause.

→ Alter, Abschied, Zuversicht

→ liebevoll, tröstlich, versöhnliches Ende

Saalfrank, Heike & Goede, Eva (2009):
Abschied von der kleinen Raupe.
Würzburg: Echter Verlag

Bilderbuchgeschichte ab 3 bis 6 Jahre
Eine Geschichte von der kleinen Raupe, die sich zwar von ihren lieben Freunde verabschieden muss, aber durch ihre Verwandlung zum Schmetterling ein neues Leben beginnt.
→ Abschied, Trennung, Freundschaft, Neubeginn, Auferstehung
→ Hoffnungsbilder, sehr einfühlsam

Krenzer, Rolf & Horn, Reinhard (2001):
Mach´s gut kleiner Freund. Lippstadt: Kontakte Musikverlag

Bilderbuchgeschichte und Lieder ab 3 bis 6 Jahre
Moritz sein geliebter Vogel ist gestorben, was in der Familie die Erinnerungen an die verstorbene Katze und Pucki aufleben lässt. Der Opa begleitet Moritz in seiner Trauer, bei der Lieder trösten können.
→ Abschied von Tieren, Beerdigung, Hoffnung
→ Lieder mit Noten, farbenfrohe Bilder

Langen, Annette & Bohnstedt, Antje (2008):
Vier Pfoten am Himmel.
Freiburg: Herder Verlag

Bilderbuchgeschichte ab 3 bis 6 Jahre

Emma und ihre Hündin sind beste Freundinnen, doch Fee ist sehr alt und stirbt im Winter an Altersschwäche.

→ Abschied von Tieren, Freundschaft, Dankbarkeit, Trost

→ Darstellung des langsamen Älterwerdens

Schneider, Antonie & Boetzen-Beek, Betina (2010):
Ein Himmel für Oma.
Münster: Coppenrath

Bilderbuchgeschichte ab 3 Jahre

Über den kranken und sterbenden Vogel der Oma kommen die Enkel mit der Oma über ihren Tod ins Gespräch, den die Kinder kurz darauf erleben.

→ Alter, Krankheit, Abschied, Erinnerung

→ wohltuende Zeichnungen, einfühlsame Erklärungen

Stellmacher, Hermine & Lieffering, Jan (2005):
Nie mehr Oma-Lina-Tag.
Stuttgart/ Wien: Gabriel Verlag

Bilderbuchgeschichte ab 3 bis 7 Jahre

Die Nachbarin/ Ersatz-Oma eines kleinen Jungen wird krank und er erlebt die verschiedenen Stationen zwischen Sterben und Beerdigung mit und backt am Ende Pfannkuchen nach Oma Linas Rezept.

→ Alter, Krankheit, Abschied, Begreifen, Trost, Bewahren

→ Wechsel aus traurigen Bildern & bunten glücklichen Erinnerungen

---

Feth, Monika & Pin, Isabel (2007):
Opa, ich kann Hummeln zähmen. Mannheim: Sauerländer

Bilderbuchgeschichte ab 3 bis 7 Jahre
Jori erfährt vom Tod seines geliebten Opas und erhält irreführende Aussagen, wo er sich jetzt als Toter zu Hause ist. Dabei weiß Jori es durch den Opa selbst besser.

→ Alter, Trauer, Erinnerung

→ deckt Irrglauben von Erwachsenen auf, stimmungsvolle Bilder

---

Daly, Jude (2006):
Alles hat seine Zeit.
Stuttgart: Thienemann Verlag

Bilderbuchgeschichte ab 5 Jahre
Mit biblischen Texten wird die Vergänglichkeit beschrieben und eindrucksvoll in einer südamerikanischen Umgebung dargestellt.
→ Abschied, Vergänglichkeit

→ poetisch philosophische Texte, liebevoll illustriert, anregend

---

Nillson, Ulf & Eriksson, Eva (2006):
Die besten Beerdigungen der Welt.
Frankfurt a.M.: Moritz Verlag

Bilderbuchgeschichte (halb Bilderbuch, halb Geschichtenbuch) ab 5 Jahre
Drei Kinder gründen an einem langweiligen Tag ein Beerdigungsinsti- tut. Für alle toten Tiere, die sonst keiner beachtet, wollen die die besten Beerdigungen der Welt ausrichten.

→ Wertschätzung, Abschied, Freundschaft

→ einfallsreich, atmosphärisch, etwas traurig & etwas heiter

Erlenbruch, Wolf (2007):

Ente, Tod und Tulpe. München: Kunstmann Verlag

Bilderbuchgeschichte ab 5 Jahre

Die Ente und der Tod schließen Freundschaft bis die Ente eines Tages stirbt und vom Tod liebevoll verabschiedet wird.

→ Freundschaft, Vertrauen, Abschied

→ zunächst schockierend (Tod sieht furchterregend aus), doch dann herzlich und wärmend, hintergründig heiter

---

Bley, Annette (2005):

Und was kommt nach tausend? Ravensburg: Ravensburger Verlag

Bilderbuchgeschichte ab 5 bis 7 Jahre

Lisa ist mit ihrem erkrankten Nachbarn Otto befreundet und die beiden sprechen über den bevorstehenden Tod. Bei der späteren Beerdigung von Otto wird sie wütend und findet gemeinsam mit Olga Trost.

→ Freundschaft, Krankheit, Abschied, Trauer, Erinnern

→ poetisch philosophierend, tröstlich, erst farbenfroh - später trist

---

Hermann, Inger & Solé-Vendrell, Carme (1999):

Du wirst immer bei mir sein.

Düsseldorf: Patmos

Bilderbuchgeschichte ab 5 bis 7 Jahre

Im Zentrum dieses textreichen Bilderbuches stehen der Unfalltod des Vaters und die Auseinandersetzung des fünfjährigen Sohnes mit seiner Trauer.

→ Unfalltod des Vaters, Abschied, Trauer, Erinnern
→ einfühlsame Texte

Oeyen, Wenche & Kaldhol, Marit (1987):
Abschied von Rune. München: Ellermann Verlag

Bilderbuchgeschichte ab 6 Jahre

Rune, Saras bester Freund ertrinkt beim gemeinsamen Spiel am Wasser. Sara erlebt diese schmerzhafte Zeit von der Todesnachricht über die Beerdigung bis zu den ersten Blumen auf dem Grab mit.

→ Unfalltod durch Ertrinken, Freundschaft, Abschied, Erinnerung

→ emotional, warme Aquarellzeichnungen, ! Tod = Schlafen

Gossens, Philippe & Robberecht, Thierry (2004):
Eva im Land der verlorenen Schwestern. Düsseldorf: Sauerländer

Bilderbuchgeschichte ab 4 bis 6 Jahre

Ein Mädchen erzählt von ihren Gefühlen und ihrer Art im Land der verlorenen Schwestern zu trauern.

→ Abschied von einer Schwester, Trauer, Hoffnung

→ ausdrucksstarke Bilder, einprägsamer kurzer Text

Fupz Aakeson, Kim & Eriksson, Eva (2005):
Erik und das Opa-Gespenst.
Hamburg: Oetinger Verlag

Bilderbuchgeschichte ab 4 bis 6 Jahre
Erik sein Opa ist gestorben und er erscheint dem Jungen nachts als Gespenst. Sie suchen gemeinsam, was der Opa noch vergessen hatte: Er wollte sich noch von Erik verabschieden.
→ Alter, Trauer, Wertschätzung,
Erinnerung → sensibel, mit feinem Humor

Bauer, Jutta (2001):
Opas Engel.
Hamburg: Carlson

Bilderbuchgeschichte ab 5 Jahre
Ein Opa erzählt seinem Enkel auf dem Krankenbett von seinem Leben und dem Engel, der ihn begleitet hat. Dieser wird nach dem Tod an den Enkel „vererbt“.

→ Alter, Wertschätzung, Zuversicht

→ sympathisch, liebevolle Darstellung des Engels, unterhaltend

---

Sommer-Bodenburg, Angela & Tjong Khing, The (2000):
Julia bei den Lebenslichtern. München: Bertelsmann

Bilderbuchgeschichte ab 5 Jahre
Julia trifft auf ihre Großmutter, die gestorben ist. Sie bleibt allein mit ihrer Angst und der Trauer und trifft am Grab auf ein Kind – das den Tod verkörpert und sie zu den Lichtern der Lebensinseln führt.

→ Alter, Abschied, Trauer, Trost, Mut, Erinnerung

→ beruhigend, rührend, inhaltsreich gemalt

Ende, Michael & Hechelmann, Friedrich (1988):
Ophelias Schattentheater. Stuttgart/ Wien/ Bern: Thienemann V.

Bilderbuchgeschichte

ohne Altersangabe vom Verfasser, ~ ab 7 Jahre
Märchenhafte Geschichte von Ophelia, die Schatten bei sich aufnimmt und deren Streitigkeiten durch Theaterstücke schlichtet. Als sie selbst verunglückt, eröffnet sich ihr eine Traumwelt bei den Schatten.

→ Alter, Nächstenliebe, Einsamkeit, Phantasie, Hoffnung

→ poetisch, klug, einfühlsam, ausdrucksstark in blau/ grün illustriert

---

Treiber, Jutta & Blazejovsky (2001):

Die Blumen der Engel.

Wien/ München: Uebereuter Verlag

Bilderbuchgeschichte ab 6 Jahre
Ein Mädchen verliert ihre Schwester durch einen Unfall und zieht sich in ihrer Einsamkeit wie in einen Glaskasten zurück. Sie erhält einen Engel und die Puppe ihrer verstorbenen Schwester als Halt.
→ Unfalltod einer Schwester, Abschied,
→ feinfühlig, tröstlich, hilfreich, eindrucksvolle großflächige Bilder

---

Zeevaert, Sigrid (1986):

Max, mein Bruder.

Würzburg: Arena Verlag

Geschichte
ab 10 bis 12 Jahre
Die zehnjährige Johanna muss miterleben, wie ihr Zwillingsbruder erkrankt , schwächer wird und schließlich stirbt. Ohne Happy-End.
→ Tod eines Zwillings, Krankheit, Abschied
→ echte Sprache der kindlichen Erzählerin, eindringlich, z.T. Komisch

---

Henkel, Katja & Hein, Sybille (2005):

Der Himmel soll warten.

Bloomsbury

Geschichte, illustriert ab 8 Jahre
Die beiden Enkel haben die Idee, durch ihr unmögliches Verhalten ihre verstorbene Oma von den Wolken des Zwischenhimmels herunter zu locken.
→ Alter, Abschied, Loslassen, Hoffnung
→ tröstlich, charmant, humorvoll, versöhnlich

Pausenwang, Gudrun & Harjes, Stefanie (2010):
Omi, liebe Omi.
Ravensburg: Ravensburger Verlag

Geschichte, illustriert ab 10 bis 12 Jahre
Liv´s Omi ist gestorben und sie fühlt sich nun allein. Doch dann findet sie einen Weg, ihre Omi in ihren Träumen wiederzusehen und mit ihr spannende Abendteuer des Erinnerns zu unternehmen.
→ Alter, Abschied, Erinnern
→ berührend, einfühlsam, Bleistiftzeichnungen

Gätje, Heike (2007):
Willi wills wissen. Wie ist das mit dem Tod?
Frankfurt am Main: Baumhaus Verlag

Sachbuch/ Reportage ab 8 bis 12 Jahre
Willi geht den Fragen rund um den Tod, Bestattung, Umgang mit der Trauer und anderen Kulturen auf den Grund.
→ Tod, Verständnis
→ Informationen, Interviews, Fotos, Beispiele

Kachler, Roland & Reckers, Sandra (2007):
Wie ist das mit … der Trauer. Stuttgart/ Wien: Gabriel Verlag

Sachbuch mit Geschichten
ab 8 bis 10 Jahre und Eltern
Eingerahmt von Geschichten, in die sich Kinder mit unterschiedlichen Traueranlässen hinein denken können, erhalten sie Antworten auf schwierige Fragen und Vorschläge, wie sie mit ihrer Trauer umgehen können.
→ Abschied, Tod, Bestattung, Trauer, Hoffnung, Erinnerung
→ einfühlsam, aufklärend, hilfreich

Ausgewählte Märchen zum Thema Abschied, Tod und Trauer *

- **Das stumme Buch** - von Hans Christian Andersen
- **Das Totenhemdchen** - von den Gebrüder Grimm
- **Das Wasser des Lebens** - von den Gebrüder Grimm
- **Der Eisenhans** - von den Gebrüder Grimm
- **Der Froschkönig** - von den Gebrüder Grimm
- **Der Reisekamerad** - von Hans Christian Andersen
- **Der Teufel mit den drei goldenen Haaren** - vonden Gebrüder Grimm
- **Die Boten des Todes** - von den Gebrüder Grimm
- **Die weiße und die schwarze Braut** - von den Gebrüder Grimm
- **Frau Holle** - von den Gebrüder Grimm
- **Fundevogel** - von den Gebrüder Grimm
- **Spindel, Weberschiffchen und Nadel** - von den Gebrüder Grimm
- **Sterntaler** - von den Gebrüder Grimm
- **Tränenkrüglein** - von Ludwig Bechstein

* Einige Märchen sind sehr lang oder durch ihre Wortwahl noch nicht für kleine Kinder geeignet.

Anhang 6: Imaginationsbeispiel

Mein Zaubergarten - Ein Schutzritual für 3- bis 6-jährige Kinder

(Vopel 1998)

Stell dir vor, dass du draußen in der Natur bist. Vor dir liegt ein Weg, und du kannst diesen Weg breit machen oder schmal, gerade oder gewunden, ganz wie du möchtest. Vielleicht ist das ein Weg neben einem Fluss oder an einem See, vielleicht ein Weg durch eine Wiese oder durch einen kleinen Wald. Ich möchte, dass du diesen Weg entlang gehst, bis du zu einem schönen Garten kommst. Du bemerkst eine kleine Pforte, die vielleicht halb zugewachsen ist von Gras und deinen Lieblingsblumen. Rechts und links neben der Pforte siehst du vielleicht eine Hecke oder einen alten, hölzernen Zaun oder eine schöne, mit Efeu bewachsene Steinmauer, die den Garten umgibt. Du kannst die Gartenpforte leicht öffnen und hinein gehen in den schönsten Garten, den du je gesehen hast. Der Garten ist so, wie du ihn dir wünscht, und er ist nur für dich da. Alle Farben in deinem Garten sind hell und leuchtend. Das Gras ist kräftig grün; die Blüten von Blumen und Büschen strahlen in allen Farben des Regenbogens; der Himmel über dem Garten ist leuchtend blau. Die Sonne scheint hell und die Vögel in den Bäumen begrüßen dich mit ihrem Gesang. Du kannst dich ganz sicher und friedlich fühlen. Am Anfang des Gartens kommst du an einen großen Baum mit ganz vielen Zweigen. Dieser Baum heißt Sorgenbaum, weil du an seine Zweige all deine Sorgen hängen kannst. Bleib einen Augenblick stehen und lade deine Sorgen ab, große und kleine. Wenn du eine große Sorge hast, kannst du sie an einen starken Ast hängen, und die kleinen Sorgen finden ihren Platz an kleinen Zweigen des Baumes. Wenn du deine Sorgen, vielleicht auch Unruhe und Müdigkeit abgeladen hast, hast du vielleicht Lust, dich zu recken und zu strecken, weil du bemerkst, dass du dich irgendwie leichter fühlst. Du bekommst Lust, noch ein wenig weiter in den Garten hinein zu gehen. Schau dir an, was du alles in deinem Garten entdecken kannst. Wenn du Lust hast, kannst du dich auch irgendwo hinsetzen oder hinlegen und es genießen, dass du hier sein darfst. (1 – 2 Minuten, ganz, wie es die Aufmerksamkeitsspanne der Kinder gestattet.) Es ist nun Zeit, dass du den Garten wieder verlässt, aber du kannst jederzeit hierher zurück kommen, wenn du etwas an den Sorgenbaum hängen oder einfach die Ruhe des Gartens genießen möchtest. Danke dem Garten zum Abschied, dass er für dich da ist und dass er so wunderschön ist. Du kannst wissen, dass er immer für dich da ist, wenn du ihn brauchst. An das Gefühl der Ruhe und des Friedens in dir kannst du dich erinnern, wenn du einmal einen schlechten Tag hast und dich nervös und unglücklich fühlst. Wenn du gleich die Augen öffnest, kannst du dich erfrischt und gut fühlen.

Diese Imaginationsreise kann immer wieder durchgeführt werden, so dass das Kind seinen (Spiel-, Duft- oder Blumen-)Garten nach und nach ausschmücken und verändern kann – er wächst also mit!

Buchempfehlungen:

- **Seyffert, S. & Sprengler, F. (2010): *Heute Regen, morgen Sonne: Entspannungsgeschichten für Kinder.* Würzburg: Arena Verlag**
- **Vopel, Klaus W. (1998).** *Zauberladen: Phantasiereisen für kleine Kinder von 3 bis 6 Jahren*. **Hamburg: iskopress.**

Literaturverzeichnis

Bowlby, J. (2006). *Bindung und Verlust: Trauer und Depression.* München: Reinhardt.

Canacakis, J. (1987). *Ich sehe deine Tränen. Trauern, Klagen, Leben können.* Stuttgart: Kreuz.

Cramer, B. (2/2003). Der Tod im Bilderbuch. in: *Friedhof und Denkmal*, S.2,6.

Enders, G. (13. März 2002). *Kölner Institut für Kindertherapie: Vortrag "Wenn Kinder trauern".* Abgerufen am 12. September 2012 von www.kikt.de

Ennulat, G. (2012). *Kinder trauern anders. Wie wir sie einfühlsam und richtig begleiten.* Freiburg im Breisgau: Herder.

Franz, M. (2002). *Tabuthema Trauerarbeit. Kinder begleiten bei Abschied, Verlust und Tod.* München: Don Bosco.

Freud, S. (1917/46). Trauer und Melancholie. In *Gesammelte Werke. Band X.* (S. S. 428/429). Frankfurt am Mein: Fischer.

Hinderer, P. &. (2005). *Kinder bei Tod und Trauer begleiten. Konkrete Hilfestellungen in Trauersituationen für Kindergarten, Grundschule und zu Hause.* Münster: Ökotopia.

Huber, M. (2010). *Der innere Garten. Ein achtsamer Weg zur persönlichen Veränderung.* Paderborn: Junfermann Verlag.

Kachler, R. (2005). *Meine Trauer wird dich finden. Ein neuer Ansatz in der Trauerarbeit.* Stuttgart: Kreuz Verlag.

Kachler, R. (2007). *Wie ist das mit ... der Trauer.* Stuttgart/ Wien: Gabriel Verlag.

Kast, V. (2006). *Zeit der Trauer: Phasen und Chancen des psychischen Prozesses.* Freiburg: Kreuz Verlag.

Kramer, E. (2004). *Kunst als Therapie mit Kindern.* München: Reinhardt Verlag.

Krenz, A. (2010). *Was Kinderzeichnungen erzählen. Kinder in ihrer Bildsprache verstehen.* Dortmund: verlag modernes lernen.

Kübler Ross, E. (Neuausgabe 2011). *Kinder und Tod.* München: Knaur.

Lentz, D. (2011). *Tanz mit dem Tod: Tanztherapeutische Begleitung nach einem Todesfall.* Berlin: Logos.

Onnasch, K., & Gast, U. (2011). *Trauern mit Leib und Seele. Orientierung bei schmerzlichen Verlusten.* Stuttgart: Klett-Cotta.

Pisarski, W. (1982). *Anders trauer - anders leben.* München: Kaiser Verlag.

Rando, T. (2003). Trauern: Die Anpassung an Verlust. In J. Wittkowski, *Sterben, Tod und Trauer* (S. S. 173-190). Stuttgart: Kohlhammer.

Reddemann, L. (2001). *Imagination als heilsame Kraft. Zur Behandlung von Traumafolgen mit ressourcenorientierten Verfahren.* Stuttgart: Klett-Cotta.

Rehberger R. (2004). *Angst zu trauern. Trauerabwehr in Bindungstheorie und psychotherapeutischer Praxis.* (S. S. 25-40). Stuttgart: Pfeiffer bei Klett-Cotta.

Schwarz, E. (2002). *Religionspädagogisches Institut Loccum.* Abgerufen am 7. Juli 2012. Unterrichtsmaterial zum Downloaden: http://www.rpi-loccum.de

Spitzer, M. (2009). *Lernen. Gehirnforschung und Schule des Lebens.* Heidelberg: Spektrum Akademischer Verlag.

Spölgen, J., & Eichinger, B. (1996). *Wenn Kinder dem Tod begegnen.* München: Wewel.

Steiner, R. & Compani, L. (2003). *Erziehungskunst: Waldorfpädagogik heute. "Die dreifache Gestalt der Eurythmie"/ "Eurythmie im Kindergarten" (Heft 3/2003)*. Abgerufen am 12. September 2012 von www.erziehungskunst.de

Unterasinger, F. (2011). *Wo bist du? Meine Trauer schmerzt. Meine Liebe sucht dich: Hilfe für die Zeit der Trauer*. Norderstedt: Books on Demand.

Weinberger, S. (2007). *Kindern spielend helfen. Eine personzentrierte Lern- und Praxisanleitung.* Weinheim und München: Juventa Verlag.

Znoj, H. (2004). *Komplizierte Trauer.* Göttingen: Hogreferefe.